JN440006

은발 할아버지의 손주 양육기

한판암

초판 1쇄 인쇄 2017년 1월 31일
지은이 한판암
펴낸이 이승훈
펴낸곳 해드림출판사
주　소 서울 영등포구 경인로82길 3-4(문래동1가 39)
센터플러스빌딩 1004호(우편 07371)
전 화 02-2612-5552
팩 스 02-2688-5568
E-mail jlee5059@hanmail.net

등록번호 제87-2007-000011호
등록일자 2007년 5월 4일

* 책값은 표지에 있습니다
* 잘못된 책은 바꿔드립니다

ISBN 979-11-5634-176-5

좌충우돌하여 10년째 쌓은 손주 양육의 지혜

은발 할아버지의 손주 양육기

한판암 지음

어느 날 벼락 치듯이 내 품을 파고든 파랑새와
밀고 당기며 수놓은 씨줄과 날줄의 더덜없는
흔적이요, 편린이며 적바림이다.
따라서 손주의 양육을 떠맡게 된 분들에게는
반면교사가 되었으면 하는 바람이다.

해드림출판사

| 펴내는 글 |

띄엄띄엄 징검돌 닮은 궤적의 소묘

아동교육이나 심리학에 대한 배움이 변변찮아 앎의 수준은 거의 맹탕에 가까운 처지에 손주 양육 문제를 꺼내 들자니 다소 민망하다. 그 방면에는 무지했던 무늬만 할배로 속 빈 강정 같기에 그럴듯하게 겉 포장을 한 눈속임 포장이 떠오른다. 그런데도 아무런 준비 없이 졸지에 손주와 10년째 좌충우돌하며 쌓였던 세월의 앙금을 건져 올려 응축시킨 편린을 그러모아 묶어서 펴내고픈 마음에서 무모한 객기를 부렸다. 한편 앞으로 몇 년 지나며 더 많이 경험한 내용을 더할까 하다가 아이가 열 살을 넘기면서 사춘기로 접어들며 순수성을 잃을 개연성을 감안해서 서둘러 마무리했다.

아둔한 내가 손주를 통해 조금씩 세상을 깨우쳐 나가면서 쓴 반성문이자 소회 위주의 우수마발 같은 모양새이다. 하지만 진솔함을 담고 있음을 자부한다. 어느 날 벼락 치듯이 내 품을 파고든 파랑새와 밀고 당기며 수놓은 씨줄과 날줄의 더덜없는 흔적이요 편린이며 적바림이다. 그런 까닭에 얼결에 손주의 양육을 떠맡게 된 분들에게는 반면교사가 되었으면 하는 바람이다. 한편 나 자신에게는 손주와 함께 겪은 세월의 진솔한 치부책이자 반성을 담은 자성록이 되면 좋겠다.

내용은 크게는 세 부분으로 나뉜다. 첫 부분은 태어남부터 어린이집을 거칠 때까지의 흔적을 담은 첫째 장의 '새 빛 누리'와 둘째 장인 '시련을 딛고 좌충우돌'이다. 그리고 두 해 동안 적을 두었던 유치원 과정에서 겪었던 편린들을 엮은 셋째 장의 '노랑 병아리의 삐악삐악'과 넷째 장의 '예닐곱의 화려한 외출'이다. 마지막으로 자아에 눈을 뜨기 시작한 초등학교 입학 이후의 사연을 새긴 다섯째 장의 '배움의 세계와 상견'과 여섯째 장의 '꿈꾸는 파랑새의 비상'이다.

누구를 막론하고 갑자기 손주 양육을 피할 수 없는 상황에 부닥치면 막막할 것이다. 부를 축적한 경우나 상당한 연금을 또박또박 받는 경우는 그래도 경제적 여유가 있어 다행이리라. 그에 비해 당장 다가오는 전·월세, 각종 공과금, 가용 자금의 아귀를 맞추기도 빠듯한 경우는 더더욱 막막하고 하늘이 무너지는 참담함을 곱씹으면서도 어디에 대고 하소연하랴.

자의든 타의든 손주를 양육하는 모든 분이 명심할 사항 중에 가장 원초적 내용은 탐진치(貪瞋癡)를 훌훌 털어버리는 비움과 버림이다. 그를 바탕으로 냉엄하게 자기 손주를 바로 본 뒤에 합당하게 대처하는 지혜로움이 전제되어야 한다. 공연히 남의 집 뛰어난 아이나 엄친아의 능력을 탐(貪)내거나, 기대치에 미치지 못한다고 성(瞋)내며, 무조건 따라오라고 내모는 어리석음(癡)에 집착하여 야멸치게 내몰면 아이 농사는 폐농에 이르기에 십상임을 깊이 새겨 둘 필요가 있지 싶다.

끝으로 이 책의 내용은 손주 양육이라는 난관에 부딪쳤을 경우 대처해 나가는 다양한 생각과 방법 중에 누구나 할 수 있는 하나의 사례로 여겨주시면 고맙겠다. 어느 모로 생각해도 모범적인 사례나 성공적인 미담이 될 구석이 눈곱만큼도 없다. 그래도 선택의 여지없는 궁지로 몰려 좌충우돌 허둥대며 지동지서 하는 늙지도 젊지도 않은 할배의 우스꽝스러운 꼴을 타산지석으로 삼아도 될 법하다. 어찌 되었든 손주 양육이라는 무거운 짐을 떠맡은 모든 분께 힘내시라는 위로의 말씀을 올림과 동시에 존경의 뜻으로 파이팅을 기원한다.

병신년(丙申年)의 초추(初秋)

한관암

| 목차 |

Ⅱ. 시련을 딛고 좌충우돌

Ⅲ. 노랑 병아리의 삐악삐악

Ⅳ. 예닐곱의 화려한 외출

Ⅴ. 배움의 세계와 상견

Ⅵ. 꿈꾸는 파랑새의 비상

Ⅰ. 새 빛 누리

유진이 출생과 개벽

시련과 신의 질투

준비 안 된 만남

허둥대며 다시 배웠던 육아의 지혜

'궁하면 변하라'의 철학 터득

서툴기만 했던 우유 먹이기

기저귀 갈기

어렵기만 했던 목욕 시키기

견디기 어려웠던 시련의 세월

밤새 안녕과 잦은 잔병치레

백신의 접종

넘어져 골절로 깁스를 하고

유진이 출생과 개벽

유진이의 고고성

캐나다 밴쿠버 세인트 바울(saint paul) 병원에서 고고성을 울리며 이 세상에 왔다. 그 시각이 현지 시간으로 2007년 4월 22일 오후 3시 34분(한국시간으로 4월 23일 오전 7시 34분으로 음력 3월 7일 진시(辰時)로 정해생(丁亥生))이다. 씨족 갈래는 청주 한문(韓門)의 공안공(恭安公) 할아버지 36대손이다. 그리고 이름을 유진(裕振)이라고 지었다.

아이가 멀고 먼 남의 나라에서 태어난 연유는 제 부모가 공부를 한답시고 머물었던 때문이다. 무엇 하나 빼어난 구석이 없는 나의 작은 아들이 나름대로 궁리를 한 끝에 그곳 학교에 적을 두고 보낸 세월이 얼추 십 년 가까웠다. 그렇게 학업 중이던 시절 짝을 만나 가정을 이루고 얻은 아이다.

잉태의 환희와 축복

모든 생명의 잉태가 그러하듯이 아이의 잉태는 주위 모든 사람의 축복과 환희 그리고 부러움의 대상이었다. 그런 태아를 위해 제 부모는 태명으로 '콩이', 외가에서는 '복실이'라고 불렀었다. 제 할머니인 나의 아내는 태어날 손주를 위해 몇 개월에 걸쳐 퀼

트(quilt) 기법으로 조각 이불을 만들면서 사랑의 마음을 한 땀 한 땀 새기며 복을 지었다.

유진이라는 이름

아이가 태어날 무렵이 가까이 다가오면서 아들 내외는 이름을 지어 보내 달라는 독촉이 날로 심했다. 하지만 문제는 태어날 아이가 남자인지 여자인지 알 수 없다는 원초적인 문제가 있었다. 궁하면 변하라고 했던가? 아이 이름을 남자인 경우와 여자인 경우를 가정한 이름과 남녀 모두에게 붙일 수 있는 중성을 띠는 이름을 몇 가지씩 지어 보냈다. 그중에서 아들 부부가 고르도록 했다. 그렇게 해서 중성적 이미지가 물씬 풍기는 이름인 '유진'이를 골라 정했다.

이름 짓는 과정에서 전통적인 작명 방법에 따르지 않고 부르기 쉽고 귀에 편하게 와 닿는 어감을 첫째의 기준으로 삼았다. 이런 연유에서 나도 단순하게 천륜으로 맺어진 조손의 관계가 아니고 축복을 담뿍 담은 특별한 할아버지이다.

시련과 신의 질투

먹구름이 휘몰아친 뒤에

새 생명은 세상의 모든 것과도 맞바꿀 수 없는 행운이며 축복이었다. 손주가 탄생했어도 직접 찾아가 축복해 주지 못한 미안한 마음을 전화와 인터넷으로 전했다. 그래도 미진한 마음에 수시로 안부를 묻고 또 물었다. 하지만 아이가 태어난 직후부터 건잡을 수 없는 먹구름이 휘몰아치는 광풍노도의 그림자 낌새를 까마득하게 몰랐었다. 아이 아비는 부모인 우리 내외가 걱정할까 봐서 험한 꼴을 겪으면서도 거의 한 달 가까이 내색하거나 전화를 하면서도 입에 올리지 않았다. 벼랑 끝으로 몰리면서도 혼자서 애간장을 태우며 어떻게든지 해결하려고 발버둥을 쳤던 것 같다.

믿을 수 없는 마가 끼어 모든 것을 일거에 집어삼키고 엉망진창으로 뒤엉켜버린 뒤에 사태의 진상을 파악했다. 혹독한 시련이 질풍노도처럼 휩쓸고 지나가는 고초를 겪고 있음을 인지했을 때는 한발 늦었다. 그래도 포기하지 않고 마중물 노릇을 했어도 원래대로 되돌려 놓기는 역부족이었다.

⧉ 머흘고 아득해도 희망봉을 향해

신의 질투라면 어처구니가 없고 억장이 무너지며 천불이 날 듯한 사달이었다. 더는 어린 생명을 양육할 형편이 아님을 어렴풋이 짐작했다. 그렇다면 어찌할 것인가 고민이 깊어졌다. 제아무리 생각해도 다른 대안이 없었다. 그렇다고 학업을 중도에 포기하고 귀국시킬 수도 없는 노릇이었다. 따라서 아이의 양육 문제에 대한 최상의 방안은 우리 내외가 맡는 선택이었다. 제아무리 어렵더라도 조부모로서 천륜에 따르는 길이 최상으로 판단되어 좌고우면하거나 책임을 회피하지 않기로 단안을 내렸다.

⧉ 불가피한 과거사 언급

과거사 일부를 구태여 들춰내서 중언부언한 까닭은 숨겨진 사실을 구태여 들춰내려는 의도가 아니다. 이는 손주 유진이가 우리 내외의 둥지로 옮겨와 살게 된 과정을 드러내기 위해 밝힐 필요가 있었기 때문이다.

준비 안 된 만남

유진이 마산에 오다

온갖 묘수를 모색했지만 쓸모없는 걱정만 낳았을 뿐 현실적인 난관을 해결하기 위한 대안은 오직 하나였다. 태어난 지 39일째인 2007년 6월 1일 마산의 우리 내외 둥지로 유진이를 데리고 왔다. 그러고 보니 태어난 지 달포가 지났다. 그런데 할아버지인 나를 비롯해 할머니인 아내와 첫 상면인 셈이었다. 조손의 첫 만남치고는 참으로 얼떨떨한 만남으로 마음이 아프고 먹먹해서 할 말을 잃었다.

핏덩이 같은 갓난아이를 캐나다에서 서울, 다시 서울에서 마산까지 데리고 왔던 관계로 버텨내기 힘든 심한 고생을 시킨 꼴이었다. 하지만 그 길이 최선의 방안으로 선택의 여지가 없었다. 막상 집에 데리고 와서 안방에 누이고 나니 아무 생각도 나지 않아 우두망찰 넋을 놓고 하염없이 앉아 있었다. 태어나 겨우 한 달 남짓한 아이를 포대기에 쌓아 뉜 모습이 무척 어설프고 낯설었으며 더럭 겁부터 났다.

🗗 "반듯하게 키워보자!"는 각오

나와 아내는 꼬물거리는 아이를 앞에 두고 말이 없어 긴 침묵이 흘렀다. 얼마나 지났을까! 아내가 각오를 다졌다는 듯이 먼저 입을 열었다.

"반듯하게 잘 키워보자!"

"응~"

이라고 대답했다. 무엇인가 더 말을 해야 했다. 하지만 복잡한 생각에 얽히고설켜 도무지 달리 적당한 말이 나오지 않았다. 그 대신 목이 메어 '꺽! 꺽!' 듣기 거북살스런 헛기침만 자꾸 나와 분위기를 망쳐 놨다. 그러다가 겨우 정신을 가다듬고 말했다.

"정말, 우리가 제 부모처럼 키울 수 있을까?"

아내의 대답은 간단명료하게 결연한 의지를 천명했다.

"제 큰아비와 아비 형제도 키웠잖아!"

아내의 다부진 각오에 나타나는 결기가 천만 지원군을 얻은 듯 믿음직했다. 이 순간에 믿을 것은 오직 아내밖에 없다. 나와는 예순두 살, 제 할머니와 쉰여덟 살 차이가 난다. 그런데다가 양육을 위한 구체적인 준비가 거의 안 된 백지상태였다. 하지만 점령군처럼 밀고 들어오며 항복을 받아내는 모양새일지라도 내치거나 불평불만을 입에 담을 처지가 아니었다. 그렇게 손주의 양육 문제는 피할 수 없는 운명으로 다가왔다.

엉겁결에 손주 양육

아마도 우리 내외와 흡사한 형태로 손주의 양육을 떠맡게 되는 상황에 부닥치는 대부분의 조부모가 겪는 정신적 갈등과 혼란은 이루 말할 수 없으리라. 그래도 천륜을 거역하거나 외면할 수 없지 않은가! 그래서 경제적인 이유나 노환에 따르는 건강 문제를 비롯하여 정신적 갈등을 겪으면서도 품에 안을 수밖에 달리 방법이 없다. 솔직히 매우 어려운 육아를 비롯하여 양육과 교육문제는 버거운 짐이 분명하며 예기치 못한 수많은 문제가 빈발하게 마련이다. 그런데도 내칠 수 없는 천륜이 따르는 문제이기에 달리 방법이 없다.

허둥대며 다시 배웠던 육아의 지혜

⧉ 엉망진창의 늪에 빠져 허우적대며

처음 양육하기 시작한 몇 달은 모든 게 뒤죽박죽으로 제대로 아귀가 맞아 돌아가는 가정사가 하나도 없이 덜컹덜컹 삐거덕댔다. 낮 동안 옆에 붙어 앉아 놀아 주고 먹이며 건사하는 문제를 비롯하여 밤에도 몇 번씩 우유를 먹이고 기저귀를 갈아 주던 아내는 완연한 병자의 얼굴을 닮아갔다. 시간이 지날수록 토막시간이 생기면 병든 병아리처럼 꼬박꼬박 졸고 있던 아내의 모습이 중병을 앓는 사람의 몰골과 흡사해져 더럭 겁이 났다.

나는 두 아들을 키우면서도 우유를 먹여봤던 적이 딱 두 번인가 있을 정도였다. 그런 때문에 육아 문제는 뒷짐을 지고 어영부영하며 강 건너 불을 구경하듯이 어정쩡한 태도로 일관하며 외면했었다. 그 당시는 아내가 젊었기 때문에 육아 문제로 힘이 들어도 큰 무리가 없었지 싶었다. 하지만 그 이후 아내는 중년에 접어들면서 큰 교통사고를 당했었는가 하면 오랫동안 병고에 시달리며 수술을 거듭했었다. 그 사고와 병고가 치명적인 영향을 미쳐 매우 허약해졌지 싶은 생각에 퍼뜩 정신이 들었다. 그래서 육아에 적극적으로 도와야겠다는 생각을 하게 되었다. 그리하지 않으면 엄청난 부작용이 나타날 개연성은 불을 보듯 뻔했다.

◫ 내가 변해야 아내가 산다

아내는 꼬물꼬물 움직이는 아이를 혼자 두고 가까운 슈퍼에도 갈 수 없었다. 하물며 시내에 일을 보러 간다거나 지인들을 만난다는 것은 꿈도 꿀 형편이 못되었다. 흔히들 궁하면 변하라고 충고한다. 입때까지 집에서 고장 난 형광등 하나 갈아 끼지 않았었다. 하지만 가정의 평화와 어린 손주 양육을 위해서는 스스로 변해야 할 절체절명의 기로에 처한 꼴이었다. 변하기로 작정했다. 그러고 보니 나는 환갑을 넘어서 절박한 현실에 부대끼면서 철이 조금씩 드는 꼴이다. 스스로 생각해도 한심하기 짝이 없는 팔푼이가 분명했다.

◫ 넉살 좋게 손주 양육을 떠벌이는 몰염치

여기서 사족(蛇足) 하나를 꼭 붙이련다. 내가 감히 손주 양육이라는 말을 입에 담고 있다. 하지만 실제로 손주 양육의 90%는 아내의 몫이었다. 그 나머지 10% 정도가 내게 맡겨진 상태였다. 그런데도 마지못해 시늉을 내면서 아까운 밥만 축냈던 밥쇠였던 터수에 염치없이 곁발림하는 꼴임을 이실직고한다. 때늦은 후회이며 낯 뜨거운 양심선언이지만 손주 양육에 관한 한 아내와의 약속에 대한 말갈망을 제대로 못 한 사실을 숨김없이 밝힌다.

'궁하면 변하라'의 철학 터득

왜 변화가 필요했던가!

손주와 함께 살기 시작했을 무렵에 나는 일터에 나갔다. 다행히 출퇴근이 비교적 자유롭고 토막시간이나 자투리 시간을 내기 쉬운 일터였다. 그러므로 마음먹기에 따라서는 손주 문제로 쩔쩔매며 무너져가는 아내를 효율적으로 도울 여지가 있었다. 거기에는 다음과 같은 전제가 선결 요건이었다. 무슨 일지든지 좌고우면하면서 이리저리 재보며 뭉그적거리는 내 성격을 과감하게 버리는 일이었다. 예로부터 '궁하면 변하라'라는 뜻으로 궁즉변(窮卽變)이라고 일렀다. 이 철학을 터득해 아내를 적극적으로 돕는다면 현실적인 어려움을 다소 해결할 가능성이 있었다.

그 당시 아내는 손주 때문에 초주검 상태인데 나는 밖으로 나돌며 외면하는 꼴이었으니 얼마나 얄밉고 정나미가 뚝뚝 떨어졌을까? 한동안 집안 사정을 애써 외면하다가 마음을 바꾸고 조금씩 아내를 돕는 쪽으로 변해갔다. 처음엔 아내가 밖에 나갈 때 베이비시터를 불러 아이를 돌보게 하고 나가도록 하는 식으로 해결했었다. 시간이 지나면서 이게 아니다 싶었다.

여보, 짐을 나눠서 지자

아내는 밤을 지새우며 우유를 먹이거나 기저귀를 갈아야 하므로 아침 일찍 일어나기 어려운 형편이었다. 그런 아내 대신에 우유병을 삶아서 소독하고 쌀을 씻어 안쳐 밥을 짓고 밤새 말린 기저귀를 개키는 일을 도와주었다. 아무것도 아닌데 처음엔 무척 싫고 짜증이 났다. 하지만 하루 이틀 시간이 지나면서 손에 익어 자연스럽게 적응이 되었다. 그 시절 황당하게도 내 손에 주부습진이 생겨나 몇 차례 병원에 다녔던 기억을 지금 회상하니 무척 쑥스럽기도 하고 각별한 기분이다.

지난날 나의 두 아들을 키우던 시절 내가 아이들에게 우유를 먹였던 적은 고작 두세 번일 뿐이다. 따라서 아이들에게 수유를 해본 경험이 전혀 없는 것이나 마찬가지이다. 그러나 유진이를 양육하면서 힘들어 피폐해져 가는 아내를 돕는 쪽으로 변해갔다. 우유를 타서 먹이기 알맞은 온도로 맞추는 비법을 터득하는 것을 비롯하여 아이가 배가 고파하면 분유를 타서 먹일 줄 아는 정도로 많은 변화를 거듭했다. 게다가 아내가 자리를 비운 사이 기저귀에 쉬를 하거나 응가를 해도 당황하지 않고 갈아주는 정도로 크나큰 발전을 거듭해 나갔다.

규칙적 운동과 사회활동이 절실했던 아내

시간이 지나면서 아내에게 일정한 시간 동안 운동을 하고 규칙적으로 나들이할 수 있는 방안이 무엇보다 절실했다. 그래서 일터에 출근하지 않아도 무관한 요일을 택해 일주일에 한두 번 낮에 유진이를 돌봤다. 그 시간에 아내가 서둘러 바깥나들이를 하거나 수영을 할 수 있도록 배려를 할 만큼 기본적인 일상의 틀이 바뀌어 가고 있었다. 그러한 일련의 조그만 배려가 쌓여 어렵던 시절 아내가 큰 무리 없이 아이를 돌보며 건강을 지킬 수 있어 퍽 다행이라는 생각이 든다.

서툴기만 했던 우유 먹이기

육아 무능력자 멍청이

아내가 유진이를 품에 안고 우유를 먹인 뒤에 트림을 시키는 행동은 물이 흐르듯 자연스럽고 편안해 보인다. 나이 때문에 체력이 따르지 않아 힘겨워하는 점을 제외하면 양육을 전담할 자질과 능력을 지닌 모성이 넘쳐났다. 아내가 하는 모습을 옆에서 지켜보면 어려울 게 하나도 없었다. 그렇게 곁눈질하면서 어깨너머로 제대로 익혔다고 쾌재를 불렀었다. 하지만 혼자서 집을 지키다가 우유를 먹일 때면 하나에서 열까지 손에 익지 않아 쩔쩔매며 진땀을 뻘뻘 흘리는 곤혹을 되풀이해서 겪었다.

적당한 양의 분유를 따스한 물에 타서 아이가 먹기에 적합한 온도로 맞추는 일은 땅 짚고 헤엄치기였다. 하지만 아이를 어느 정도 곧추안아야 편한 자세로 우유를 먹을 수 있으며, 목으로 잘 넘어갈 상태인지 도통 알 수 없어 답답했다. 그런 설움을 겪은 뒤에는 늘 아내에게 물으며 다시 이론적인 학습을 거듭해도 실전에서는 대책없이 헤매고 또 헤맸다. 게다가 어렵사리 우유를 모두 먹이고 나서 트림을 시키는 문제는 더욱 어려웠다. 마치 고난도의 수학 문제를 푸는 것보다도 어려워 쩔쩔매는 등신과 다를 바 없었다는 고백을 하지 않을 수 없다.

내가 안으면 왜 불편해 할까?

또 하나 면목이 서지 않는 고백할 일이 있다. 나는 지금도 어린 아이를 품에 안으면 어깨에 힘이 잔뜩 들어가 옆에서 보는 사람이 불안하다고 얘기한다. 그런 한심한 내 모습을 지켜보던 아내가 어깨에 힘을 빼라고 잔소릴 해대도 효과는 그 순간뿐으로 고쳐지지 않아 고질병에 가깝다. 그동안 손주를 적지 않게 안아 줬었다. 그런데도 유감스럽게도 단 한 번도 편안한 표정을 짓는 모습을 봤던 적이 없다.

이런 연유였을까? 그동안 숱하게 손주를 품에 안고 집안 여기저기를 오가며 잠을 재우려고 시도를 했었다. 하지만 안타깝게도 성공에 이르렀던 적은 손가락을 꼽을 정도이다. 단적으로 내가 안아 주면 편치 않아 잠을 제대로 이루지 못했다는 방증이다. 이럴 줄 알았다면 내 두 아들을 키우던 젊은 시절 연습을 많이 해서 익혀 둘 걸 하는 후회막급이었다.

분유와 이유식 찬가

그 옛날 핏덩이 갓난아기인 손주를 양육했다면 젖어미를 구하거나 동네에서 비슷한 또래를 키우던 집을 찾아다니며 젖동냥을 하려면 예삿일이 아니었을 것이다. 다행히 요즈음은 질 좋은 분유가 넘쳐나고 양질의 이유식이 즐비하다. 그래서 양육이 한결

편리하고 요긴하게 활용할 수 있어 한시름 놓고 양육할 환경이 조성되어 우리에게 큰 부조를 했다.

기저귀 갈기

⊡ 궁지에 몰리며 개에게 던져 준 밴댕이 소갈머리

지난날 나는 비위가 약한 축에 들었지 싶다. 그래서 밥상 앞에서 앉았을 때 어디선가 코를 풀거나 어린아이들이 변을 보는 모습을 목격하면 무조건 슬며시 숟가락을 놓고 일어서는 버릇이 있었다. 지나가는 개에게 던져 줘도 물고 가지 않을 알량한 버릇은 두 아들을 키우던 시절에도 고치지 못해 곤혹을 숱하게 겪었다.

유진이를 기르면서 찬밥과 더운밥의 허실을 조목조목 따질 요량으로 배부른 흥정을 하며 꽃놀이패를 즐길 겨를이 없었다. 원래 어린아이들의 용변이 시와 때를 가려가며 배설할 성질의 문제가 아니다. 동물적인 견지에서 볼 때 무언가를 먹고 일정한 시간이 지나면 저절로 생겨나는 생리적 현상이다. 따라서 진자리 마른자리 가리거나 체면이나 체통을 생각해서 적당히 조절한다는 것은 애당초 가당치 않다. 이런 때문에 아내와 둘이서 아이를 양육하는 처지에 어떤 상황에도 대처할 수 있도록 변하지 않으면 견뎌낼 도리가 없었다. 이런 다급한 상황에 원초적 대응을 위한 빠른 변화였을까!

◫ 성격은 환경에 따라 진화하는가!

음식을 먹는 중간에 고약한 냄새가 나면 거리낌 없이 다가가서 기저귀를 제거한다. 그리고 궁둥이를 깨끗이 닦거나 씻긴 다음에 보송보송한 새로운 기저귀로 갈아주는 일을 주저하지 않고 해낼 수 있었다. 참으로 신기하고 믿을 수 없는 변화에 나 자신도 놀랐다. 그렇다면 지난날 까칠했던 내 성정은

'어쩌면 사치에 불과했던 것일까?'

라는 자문자답을 해 본다.

죽고 사는 문제가 아니라면 절박한 상황이나 절체절명의 위기에 맞닥뜨리면 자연스럽게 거기에 맞춰 적응하게 마련이지 않을까 싶다. 왜냐하면, 이런저런 구차한 까닭을 들어 아무짝에도 쓸모없이 까탈을 부리다 보면 자신의 설 자리를 잃고 속절없이 추락할밖에 도리가 없기 때문이다. 이런 이치나 문리는 입때까지 책이나 다양한 정보를 통해서도 깨우치지 못했었다. 그러다가 손주를 양육해야 하는 절박한 상황으로 내몰려 갈팡질팡 허둥대다가 자연스럽게 터득한 생존의 법칙이며 지혜이다.

어렵기만 했던 목욕 시키기

◫ 세상에서 가장 어려웠던 영아 목욕

손주가 열 살이 되도록 양육하는 과정에서 아직도 익히지 못한 게 한 가지 있다. 고개도 제대로 가누지 못하는 경우를 위시하여 한두 걸음씩 걷기 시작하는 어린아이를 목욕시키는 일이다. 아주 어린 영아였던 유진이를 한 손으로 안은 채 고개를 높이고 하체 부분을 낮춰 물속에 담그고 목욕을 시키던 아내의 모습은 가히 신의 경지처럼 느꼈었다. 하도 신기해서 아내의 도움을 받아가며 흉내를 내봤었다. 하지만 결국 참담한 실패를 거듭하다가 미련 없이 백기를 들었던 씁쓸한 기억이 여태까지도 또렷하다.

유진이가 너무 어려 고개를 제대로 가누지 못했던 시절의 회상이다. 목욕통 물속에서 마구 허우적거리면서 버둥대던 시절 다루기가 몹시 힘들었다. 그 시절 아내 혼자서 목욕을 시키기 어려운 상황에서 아이의 고개를 고추 세우거나 물장구를 치지 못하도록 붙들었던 것이 내가 할 수 있었던 역할의 전부였다.

◫ 금세 모성을 회복했던 아내가 부러웠다

하기야 아내도 처음 유진이와 만났던 순간엔 지난날 두 아들을 키우며 축적했던 경험들을 깡그리 잊었는지 엄청 서툴고 당황하는 빛이 역력했다. 하지만 하루 이틀 시간이 지나면서 신기하게도 침잠했던 경험의 일면들이 몽땅 한꺼번에 되살아나는 것 같았다. 그같이 거룩한 엄마의 본성을 찾아가는 모습을 건너다보면서 참된 모성을 다시 생각해 보기도 했다. 지켜보는 역할이나 단순 보조 역할을 하며 목욕을 시키던 순간에는 철저한 아웃사이더로서 존재감을 느낄 수 없었다. 하지만 사람은 어딘가에 따로 쓸모가 있게 마련인가 보다.

몸을 씻기며 마음의 빚장 풀기

언제부터인지 모르지만, 샤워나 목욕에 제 할머니를 피하며 나를 훨씬 선호한다. 그런 아이의 청을 들어주다가 시나브로 익숙해져 이제는 유진이의 목욕이나 샤워를 시키는 독보적인 존재로 변신했다.

욕실에 들어가면 먼저 샤워기로 몸에 물을 뿌리고 수건에 비누칠을 하여 온몸 구석구석을 민 다음에 골고루 씻기고 머리에 샴푸를 하여 감긴다. 그리고 마른 수건으로 물기를 닦아 밖으로 내보내는 과정의 진행이 매끄러워지므로 때밀이를 전문으로 하는 세신사(洗身士)를 빰칠 정도이다.

꽤 쓸모가 있었던 목욕의 순간

목욕시간을 효율적으로 이용하는 방법으로 내가 즐겨 쓰는 수

법이다. 적당히 더운물로 씻겨 마음이 풀어졌을 때 그날 있었던 일이나 문제가 있거나 도움을 줄 필요가 있는 일에 대해서 슬며시 변죽을 울려 본다. 그럴 경우 자기 패를 먼저 까발려 수월찮은 효과를 거두기도 한다. 한편 이따금 할 말이 궁하거나 분위기가 어색할 경우 엉뚱한 우스갯소리를 하면 분위기가 단박에 반전되어 화기애애해진다. 그러다 보면 할아버지와 손자 사이에 보이지 않는 유리벽(walls of glass)이 사라지거나 틈새의 거리가 좁히는 데 안성맞춤이다.

견디기 어려웠던 시련의 세월

시련을 곱씹으며

유진이를 양육하면서 가장 힘들고 어려웠던 시련의 시기는 태어난 해인 2007년이었지 싶다. 우선 전혀 예상치 못했던 돌발 사태에 대한 정신적인 갈등을 비롯해 육체적인 뒷받침이 따르지 못함에 비롯됐을 게다.

아내 역시 육아 경험이 있다고 해도 오래전 젊은 날의 것일 뿐이다. 그러므로 초로의 처지에 갑자기 어린아이에게 하루 스물네 시간 매달린다는 것은 무리였다. 그동안 이런저런 피치 못할 사정으로 많이 허약해져 있었다. 그런 처지에서 유진이의 양육은 어려움이 따르게 마련이었으리라.

한편 천성이 협협하지 못하고 언제나 자신만 챙길 줄 알았던 나의 호기로운 공동양육은 겉치레뿐인 말잔치에 지나지 않았다. 부끄러운 회고이다. 그 당시 사실상 유진이 문제를 어영부영 강 건너 불구경하듯 무관심에 가까웠다는 게 솔직한 고백이다. 그런 까닭에 나는 맥(脈)도 모르고 침통(鍼筒)을 흔드는 격으로 손주 양육을 떠들어댔다.

⧉ 의무를 팽개쳤던 부끄러운 내 민낯

유진이를 기르게 되면서 아내와 약속은 의례적인 인사치레 정도로 여겼을 성싶다. 낮이면 일터를 핑계 대며 막무가내로 집을 피해 밖으로 나서려고 기를 썼다. 그러다 마지못해 집에 머무는 시간에는 아내가 하는 일을 구경꾼처럼 건너다보기 일쑤였다. 그러다가 가뭄에 콩 나듯이 아내를 돕는 시늉을 하고서는 쩨쩨하게 생색내기에 바빴다. 오죽했으면 아내가 차라리 바깥으로 나가 눈에 보이지 않은 편이 자기를 돕는 길이라는 얘기를 했을까! 이쯤 되면 아내가 엔간히도 참을성이 많음을 엿볼 수 있지 않을까 싶다.

매일 밤 두세 번 우유를 먹이고 때에 따라서는 여러 차례 기저귀를 갈고 옷을 갈아 입혀야 했다. 하지만 낯설지 않은 것이 없고 손에 익은 일도 눈을 씻고 찾아봐도 없었다. 그런 까닭에 도우려 해도 마땅히 도울 거리를 찾기 어려웠다. 기껏해야 우유를 탈 물을 데워 보온병을 채우는 일을 비롯해 새 기저귀를 찾아오고 갈아준 기저귀를 쓰레기통에 버리는 허드렛일 따위가 내가 할 수 있는 전부였다. 그런데도 그마저도 피하려 안달복달했기 때문에 낯이 간지럽기 짝이 없는 민망한 기억이 숱하다.

⧉ 온갖 핑계를 끌어다 대면서도 속으로는 변화의 조짐이

한밤중에 일어나 우유를 먹이거나 기저귀를 가는 일을 옆에서 돕기는 정말로 싫었다. 잠을 자다가 그런 사태가 발생하면 당연하다는 듯이 한쪽으로 돌아누웠다. 그리고 내일 일이 많아 충분히 잠을 자지 않으면 문제가 된다고 둘러대기 바빴다. 그렇게 나 자신의 행동을 합리화시키며 구시렁거리다 보면 진짜 엄청난 일을 앞둔 것처럼 어처구니없이 당연하다는 생각에 위안이 되었다. 그렇지만 속내가 들어다 보이는 빤한 거짓말에

'당연하지요!'

라고 동의하지 않았을 아내의 속내는 어땠을까? 얼마나 밉고 같잖게 보였을까? 지금 돌이켜 생각해도 쑥스럽기 짝이 없다. 그런데도 구렁이 담 넘어가듯 어물쩍 넘기는 행동을 수완이 출중하다고 믿었다. 이런 나를 진정 남편이며 가장이라고 믿고 따랐을지 궁금하다.

세월이 약이던가! 그렇게 물에 기름 돌듯 유진이 육아 문제에 대해 멀리하거나 책임을 회피할 구실만 찾던 중에 서서히 변화의 조짐이 나타나기 시작했다. 서툴지만 기저귀를 갈았고, 우유병을 삶아 소독하고, 분유를 타서 먹이거나 아이를 품에 안고서 어르는 쪽으로 마음이 열리고 있었다. 아주 작을지라도 내겐 커다란 변화의 뚜렷한 조짐이었다.

밤새 안녕과 잦은 잔병치레

⊞ 밤이 무섭고 두려웠던 악몽의 시간

손주를 키우면서 이해하기 어려웠던 점은 멀쩡했던 아이가 밤중에 갑자기 감기가 심해지거나 신열이 들끓어 당황하게 만듦으로써 어른들의 얼을 쏙 빼놓는 경우였다. 그런 수많은 어려움을 겪으면서 터득한 결론은 의학지식이 부족한 이들이 손주를 양육할 경우 탈이 나면 서둘러 병원을 찾으라는 권유를 하고 싶다. 그런 대응이 아이를 덜 고생시키고 어른들도 덜 고달픈 쪽으로 가는 지름길이라는 이유에서이다. 공연히 안절부절못하면서 옛날 자신들이 겪었던 경험을 고집해 자연 치유나 회복을 기대했다가는 아이들 고생을 가중시킴으로써 '호미로 막을 것을 가래로도 막지 못하는' 꼴이 되어 낭패를 당하기 십상이다.

⊞ 생쥐 풀 방구리 드나들 듯 넘나들었던 병원 문턱

그 옛날 어린아이들은 시름시름 앓으면서도 잘 크기만 했던 것 같다. 웬만큼 아파도 병원에 가서 치료를 받았던 적은 극히 드물다. 그런데 요즈음 아이들은 기침 한 번 하거나 숨 한번 이상하게 쉬었다 하면 병원으로 쪼르르 달려가게 마련이다. 그런 때문에 오는 느낌일까! 전체적으로 아이들 대부분이 약골 같다.

손주를 맡아 양육하면서 의학 지식이 부족할 뿐 아니라 혹시라도 제 부모에게 험담을 들을 빌미라도 잡힐세라, 조금만 이상한 기미가 보이면 총알같이 병원으로 내달리는 식으로 대응했다.

진득하게 지켜보며 대응해도 별 탈이 없으련만 같은 값이면 다홍치마라는 말을 생각했을 게다. 기왕이면 고생을 덜 시키고 싶다는 욕심이나 조바심이 그리 내몰았으리라. 그동안 유진이가 숨이 넘어갈 듯한 위험한 고비나 촌각을 다투며 중병을 앓으며 애간장을 태웠던 적은 없다. 하지만 감기나 알 수 없는 고열로 애를 태우며 좌불안석으로 만들었던 적은 숱했다.

감기를 달고 살던 아이

어떤 이유때문인지 모르지만 유진이는 유별나게 감기에 약했다. 툭하면 감기에 걸리기 일쑤였고 거기에 높은 열이 따르게 마련이었다. 한 번 감기에 걸렸다 하면 며칠씩 된통 앓는 것은 기본이었다. 게다가 심한 열이 동반되는 경우가 많아 때로는 같은 날 병원을 두세 곳을 다녀오는 난리굿을 벌이기도 했다. 보통은 해열제로 열을 내렸다. 하지만 때로는 원인을 알 수 없는 고열이 장시간 지속하는 경우도 많았다. 그럴 때면 날밤을 지새우며 수건을 적셔 얼음을 싸서 머리나 등에 대는 얼음찜질을 하면서 갈팡질팡했던 기억들은 악몽 같다.

백신의 접종

🗗 접종의 늪에 빠졌던 백신

나의 어린 시절에 질병 예방을 위해 접종했던 백신은 기껏해야 천연두와 결핵이 전부였지 싶다. 내 왼 팔뚝에 남아 있는 4개의 천연두 접종 흔적과 어깨 위에 볼록하게 남아 있는 결핵 접종 자국이 그를 증명한다.

두 아들을 기를 때는 모든 걸 아내에게 맡겼던 때문에 어떤 종류의 백신을 언제 몇 번이나 접종시켰는지 도통 깜깜한 것이 손방이다. 그런 처지에서 생각할 때 유진이를 양육하며 접종할 백신의 종류와 접종회수가 지나치게 많아 보였다. 그래서 간편한 접종의 지름길을 찾아볼 요량으로 똑소리 나게 육아를 하는 젊은 부부에게 자문해도 어정쩡한 대답만 되돌아 왔다. 아내와 아귀를 맞췄다. 공연히 꼼수 부리다가 된통 당하지 말고 병원에서 추천하는 백신을 지정된 날짜에 꼬박꼬박 접종하는 쪽으로 뜻을 모았다.

거기에는 두 가지 뜻이 담겨있다. 그 하나는 만에 하나라도 빠뜨리거나 슬쩍 건너뛰었다가 문제가 발생했을 경우 애먼 덤터기를 뒤집어써야 할 개연성을 원천적으로 피하자는 생각이다. 다른 하나는 병원에서 추천하는 대로 완벽하게 깡그리 접종하면 법정 혹은 일반 전염병에 걸릴 위험으로부터 그만큼 자유로울 수 있다는 계산 때문이었다.

백신 접종 시작은 있어도 끝은 없나?

입때까지 유진이에게 접종했던 백신의 종류 11가지이고 접종 회수는 모두 39차례였다. 그 내용은 소아건강 수첩에 더덜없이 소상하게 적바림되어 있다. 구체적으로 다음과 같다. 결국, 유진이는 여태까지 병원에서 추천하는 백신은 하나도 빠뜨리지 않고 미련스러울 정도로 우직하게 깡그리 접종했다.

결핵(1회), B형간염(2회), 디프테리아, 파상풍/백일해(5회), 폴리오(3회), 뇌수막염(4회), 폐구균단백 결합백신(4회), 홍역/볼거리, 풍진(2회), 일본뇌염 사백신(4회), 수두(1회), A형간염(2회), 독감(11회)이다. 다만 병원에서 깨알같이 적어준 소아건강 수첩의 내용에 따르면 앞으로 12세가 되었을 때 추가로 일본뇌염 사백신과 디프테리아, 파상풍/백일해를 각각 1회 접종하라고 적혀있다.

백신 접종은 걱정 끝?

그렇다면 모든 질병이 백신 접종을 했다고 안심해도 될까? 글쎄! 현실은 반드시 그렇지 않았다. 따라서 백신을 접종하면 해당 질병의 위험으로부터 완전히 자유로울 것이라는 생각을 하지 않는 게 현명한 판단이다. 실제로 유진이는 수두 백신 접종을 한 뒤에 수두에 걸린 적이 있다. 그리고 2015년 10월경에 독감 예방 백신을 접종하고도 2016년 4월 독감(influenza type B)에 걸려 학교를 결석하면서 얼추 보름 가까이 극심한 고생을 했다. 그렇지라도 의학 지식이 맹탕에 가깝다면 사정이 허락하는 한 모든 백신은 빠짐없이 접종하는 게 여러 모로 좋다.

이때 한 가지 지혜이다. 법정 전염병 따위를 비롯한 기본적인 것은 보건소에서 접종하고, 보건소에서 취급하지 않은 백신만 개인 병원에서 접종하는 방법을 택한다면 만만치 않은 비용을 상당히 줄일 수 있다.

넘어져 골절로 깁스를 하고

◫ 마른하늘에 날벼락도 유분수지

아이들은 성장 과정에서 넘어지고 엎어지며 깨지거나 골절되는 아픔을 성장통처럼 겪게 마련인가! 이제 스물여덟 달에 이른 천둥벌거숭이인 유진이가 크게 다쳤다. 아직 여름의 늦더위가 기승을 부리던 팔월 스무하룻날(2009년) 아침에도 여느 날처럼 어린이집에 보냈다. 그런데 점심시간이 조금 지날 무렵에 유진이가 다쳐 병원에 가서 오른쪽 다리에 깁스를 했다는 청천벽력 같은 전갈을 받았단다. 헐레벌떡 어린이집으로 달려갔더니 깁스를 한 채 할머니를 마주하는 순간 그렁그렁한 눈을 깜박이는가 싶더니 급기야 울음 터뜨려 안쓰러워 혼났다는 얘기였다.

◫ 어린이집 안방에서 안전사고

사고 경위 요약이다. 어린이집에서 장난감 블록을 펼쳐 놓고 친구들과 무리 지어 놀다가 그 위에 나동그라져 넘어졌는데 일어나지 못하더라는 얘기였다. 아무리 달래도 계속 아파해서 정형외과에 데리고 가서 엑스레이를 촬영했더란다. 판독한 결과 오른쪽 다리의 정강이뼈 두 군데에 미세한 금이 가서 곧바로 깁스를 했다는 전언이었다. 그렇게 깁스를 하고 일정한 기간이 지날 때마다 다시 엑스레이 촬영해 그 추이를 주의 깊게 살펴봐야 한다고 했다. 그리고 최소한 달포 이상 깁스를 한 채로 지내야 한다는 의사 소견이란다.

깁스에서 비롯된 별난 시중

그 날 저녁 집에 들어서는 나를 향해 닭똥 같은 눈물을 뚝뚝 흘리며 앙앙대면서 하소연을 해서 역성을 들며 곰살갑게 다독이며 안아 주었다. 그 사고로 며칠간은 집안에 갇힌 모양새가 되어 실랑이를 벌이는 모습에서 약약한 기색이 역력해 안쓰러웠다. 절간같이 적적한 집안 분위기를 너무도 지겨워해서 이번 주일 초부터는 하루에 몇 시간씩 어린이집에 보냈다. 그런데 단박에 얼굴에 생기가 돌기 시작했고 행동이 눈에 띄게 활발해졌다.

처음엔 불편한 깁스 때문에 움직이지 못해 어른들에게 안아 달라고 어리광을 부리다가 뜻을 이루지 못하면 어깃장을 놓거나 생떼를 썼다. 이럴 때 측은한 생각이 들어 안아주면 손가락과 입으로 앞 베란다 아니면 뒤 베란다로 가라는 식으로 제 의사를 표현했다. 그런가 하면 집안의 모든 것이 거치적거리는 존재라도 되는지 성난 소가 마구 뜸배질 하듯이 내치려 발버둥 치다가 답답해하며 밖으로 나갈 것을 주문해대기도 했다. 그래서 얄밉상스러울 뿐 아니라 괘씸해 윽박지르고 싶은 충동이 일기도 했다. 하지만 끝내 무조건 백기를 들고 유모차로 모시는 특별대우를 하지 않을 수 없었다.

◫ 하늘이 무너져도 솟아날 구멍은

그렇게 깁스에 길들면서 열흘쯤 지난 이즈음엔 두 팔을 이용하여 궁둥이를 들썩이면서 번개같이 썰매를 타듯 집안을 들쑤시며 다녔다. 균형을 잃어 오지게 모로 쓰러지는가 하면 뒤로 벌러덩 나뒹굴기 예사였다. 그러다가 누군가가 두 발로 거침없이 뛸 때면 깁스로 길이가 달라진 두 발로 걷고 싶은 충동을 삭이지 못해 안절부절못하며 좌충우돌을 거듭했다.

앞뒤 재지 않고 부리나케 일어서려다가 나뒹굴며 아픔 때문에 찡그리면서 겨우 참아내기도 했다. 그럴 때면 겸연쩍은지 옆에서 지켜보는 내게 싱긋 웃는 여유도 부릴 만큼 적응해 가는 모습에 가슴 뭉클했다. 비록 깁스를 했어도 유진이는 결코 모난 구석이 많은 고집불통이거나 강퍅한 성격이 아니다. 평소 행동거지에 유별난 구석이 없으며 싹싹하고 곰살궂은 품성의 아이일 뿐이다.

◫ 제 부모에게 실상을 알림

아내는 외국에 머물고 있는 제 아비에게 전후 사정을 전화로 알려준 모양이다. 그래도 아이를 돌보던 우리가 잘 못 돌봐서 발생한 사고인 셈이기 때문에 역시 마음이 편치 않았다. 따지고 보면 손주를 대책 없이 방치하다가 돌발한 사태가 아님에도 고약하게 무거운 짐을 잔뜩 짊어진 상태에서 끙끙 앓는 기분이다.

마가 끼었던지 유진이는 어린이집에서 장난감 블록 위에 넘어져 오른쪽 정강이뼈에 두 군데나 금이 가는 사고로 2009년 8월 21일부터 9월 23일까지 33일간 깁스를 했다. 그리고 깁스를 제거한 날부터 10월 30일까지 매일 병원을 찾아가 물리치료를 받아야 하는 곤혹을 치렀다.

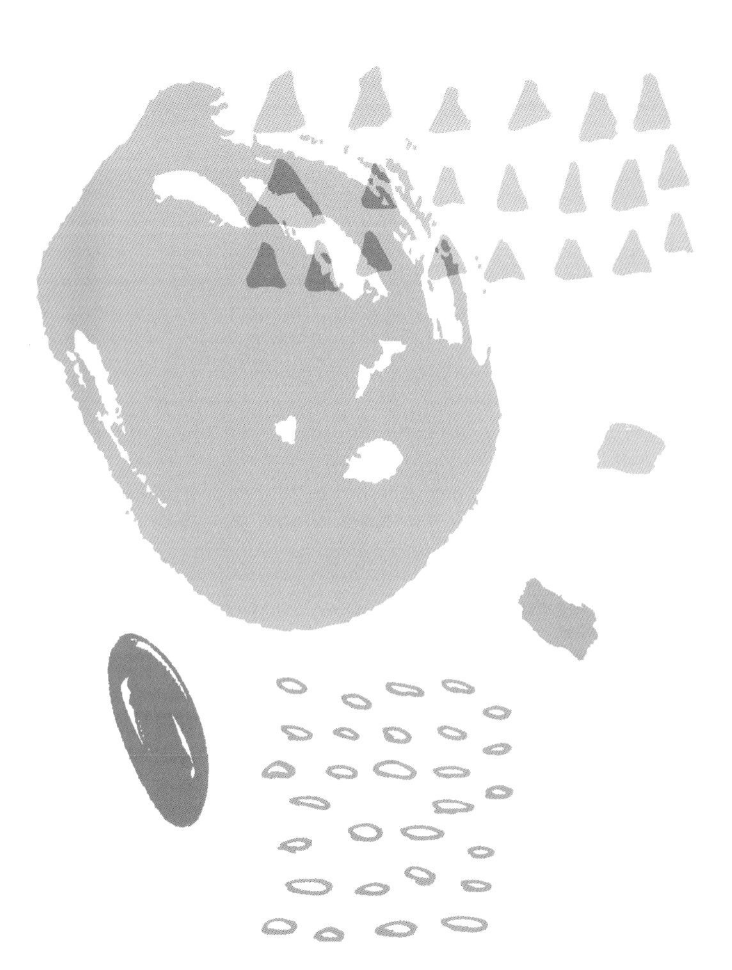

Ⅱ. 시련을 딛고 좌충우돌

인고의 세월은 가고

육아의 철학 단동십훈

첫돌 치레

콧바람 쐬러 나가요

정신적 위안과 기댈 언덕

공원에서 만난 할머니들의 정

옷이 날개라지만

참고 또 참을 걸

교육일까? 천성일까?

나쁜 버릇은 고쳐야 하고

그래도 세월은 쏜살같았다

인고의 세월은 가고

🀆 쥐구멍에 볕이 들 묘수 모색

참으로 견뎌내기 힘들었던 정해년이 역사의 뒤안길로 사라지면서 희망의 무자년(戊子年)이 밝아왔다. 많이 지쳤지만, 그동안 겪은 어려움을 바탕으로 다소 숨을 크게 쉬고 힘껏 기지개를 켤 여력이 여퉈졌었나 보다. 유진이도 새봄과 함께 첫돌을 맞으며 상당히 성장하여 돌보거나 건사하기 상대적으로 수월해졌다.

그래도 우리 내외가 안팎으로 여유를 가져야 할 필요가 절실했다. 내가 아무리 여유 시간이 있어 아내를 도울 수 있더라도 한계가 뚜렷했다. 그런데다가 낮에는 내가 할 일이 따로 있었기 때문에 날밤을 꼬박 새우면서 돌보며 건사할 형편이 아니었다.

물론 지난해보다 성장하여 나름대로 돌보기 수월한 측면이 있었다. 하지만 자기 의사를 피력하고 기어 다니거나 일어서기 시작하면서 되레 밀착해서 돌봐야 할 경우가 더욱 많아졌다. 또한, 아내가 밖에 나가서 처리해야 할 일이나 시장을 다니고 지인을 만나야 할 경우를 깡그리 외면할 수 없었다.

그런 까닭에 정기적인 나들이나 시도 때도 없이 불쑥불쑥 생기는 가사를 처리하기 위해 확실한 방안 마련이 절실했다. 별의별 다양한 궁리를 해봐도 명확한 해답은 단 하나였다. 어떤 방법을 택하든 일주일에 몇 번은 정기적으로 몇 시간씩 시간을 낼 묘책의 마련이 최선이었다. 하지만 솔로몬의 지혜를 찾지 못해 마음고생이 심했다.

⊕ 해답과 희망은 어린이집

마침 우리 아파트의 같은 출입구 1층에 꽤 오래되었을 뿐 아니라 아이들을 잘 교육한다고 알려진 어린이집이 있었다. 어린이집이라고 하더라도 겨우 돌 지난 어린아이를 받아주지 않으리라는 심정에서 아내가 반신반의하며 타진해 봤다. 이제 겨우 일어나 앉아 꼬물거리는 아이도 가능한지를 말이다.

가능하다는 답변이었다. 그래서 일주일에 세 번인가 특정한 요일에 한나절씩 돌보는 조건으로 어린이집에 보내게 되었다. 나중에 알고 보니 유진이 외에도 비슷한 나이의 아이가 또 있어 다행이었다. 일주일에 두세 번 정기적으로 정해진 시간 여유를 가질 수 있다는 게 아내에게는 크나큰 자유가 주어지는 은총이었다. 이는 단순하게 생각할 때 아내의 심리적 자유가 주어지는 일로 치부될 가능성이 크지만 사실상 나에게도 정신적 안정을 가져왔다. 결국, 우리 가정에 활력을 불어넣고 숨통을 틔워주는 전기가 되었다. 물론 소정의 비용을 지급할지라도 커다란 보탬이 되어 한없이 고마웠다.

◫ 지혜의 눈으로 바른 양육을 위해

손주 양육은 멀고 길고 넓고 높이 봐야 바른길을 찾을 수 있어 꿈과 희망을 펼칠 수 있는 문제이다. 그렇다면 우리 부부에겐 무엇보다 참다운 눈이 필요하다. 흔히들 눈을 뜬다는 것은 지혜를 얻는 것이 아닐까! 그런데 이에 충족되어야 할 전제가 있다. 그 전제는 집착이나 애착을 과감하게 떨쳐야 얻을 수 있는 것이 '지혜의 눈'임을 바르게 자각하는 것이다. 결국, 지혜의 눈에 이를 때 올곧은 손주 양육이 가능하지 싶다.

육아의 철학 단동십훈

옛 선조들의 지혜와 만남

나름대로 유진이가 자기 의사를 표현하기 시작함에 따라 어떤 가치관이나 철학을 바탕으로 인성을 기르도록 이끌 것이냐는 생각을 하는 기회가 많아졌다. 이런 연유에서 각박하게 돌아가는 현실에 비해서 우리 선조들이 겨냥했던 아동교육 철학의 바탕은 무엇이었을까 살폈다. 슬기롭게도 으뜸으로 쳤던 아동교육 철학의 기조는 단동십훈(檀童十訓)이었다. 이 교육사상은 현대 아이들을 교육하는 기초가 되어도 부족함이 없는 철학을 담고 있어 나도 따라보기로 맘먹었다.

부지불식간에 경험했던 일면들

누구나 아이들의 관심을 끌면서 해맑은 웃음을 기대하고 '까꿍'(각궁 : 覺躬 : '자신을 깨달아라'에서 유래함)이라고 해봤거나, '도리도리'와 '지암지암(잼잼)'을 비롯하여 '곤지곤지' 같은 말을 하면서 특정한 행동을 따라 하게 했던 경험이 있었지 싶다.

우리 조상들은 인간의 존엄성을 근간으로, 하늘의 이치를 깨우치고, 자연의 섭리를 거스르지 않으며, 인간의 도리인 인륜의 참뜻을 지엄하게 받드는 품성에 이르도록 교육하려고 힘써왔다. 그 한 가지가 예로부터 전해온 단동십훈이다. 이는 단군 이래로 전해오는 것으로 아이들을 기르면서 가르쳐야 할 열 가지 덕목이다.

단동십훈의 줄거리

단동십훈은 제1훈(第一訓) 불아불아(弗亞弗亞),

제2훈 시상시상(詩想詩想),

제3훈 도리도리(道理道理),

제4훈 지암지암(持闇持闇),

제5훈 곤지곤지(坤地坤地),

제6훈 섬마섬마(西摩西摩),

제7훈 업비업비(業非業非),

제8훈 아함아함(亞含亞含),

제9훈 짝짜꿍짝짜꿍(작작궁 작작궁 : 作作弓 作作弓),

제10훈 질라아비 훨훨의(지나아비 활활의 : 支羅阿備 活活議)이다.

으뜸이 되어라, 귀하게 대접하라, 도를 깨우치거라

제1훈인 '불아불아'는 어린이의 허리를 잡고 세워 좌우로 기우뚱기우뚱하면서, '불아불아'라는 말을 들려주는 행동을 한다. 이는 '아가, 아가, 우리 아가, 세상을 밝히는 빛나는 존재가 되라'는 뜻을 담은 말이다. 아울러 남에게 뒤지지 말고 으뜸이 되라는 간절한 희망을 담고 있다. 일부 지방에서 '불무불무'라고 변형해서 사용하기도 했다. 그리고 여기서 '불(弗)'은 '하늘에서 땅으로 내려온다'는 의미이고, '아(亞)'는 '땅에서 하늘로 올라간다'는 뜻이다.

제2훈은 '시상시상'으로 어린이를 앉혀 놓고 앞뒤로 끄덕끄덕 흔들면서, '시상시상'이라고 흥얼대는 행동을 한다. 이는 거두절미하고 아이의 몸은 비록 작고 연약하지만, 그 속에 우주의 원리를 담고 있어서 귀하게 대하라는 의미가 담겨있다. 그런 맥락에서 하늘의 이치나 삼라만상의 뜻에 따라야 함을 일깨우기 위한 바람이 새겨져 있다.

제3훈은 '도리도리'이다. 아이의 머리를 좌우로 돌리는 행동을 하라고 이르면서, 어른이 '도리도리'라고 말하며 행동을 따라 하게 했다. 이는 세상의 섭리를 두루두루 터득하여 올바른 도(道)의 이치를 깨우치라는 염원을 담은 내용이다.

◫ 서서히 깨달아라, 천리를 터득하라, 홀로 서라

제4훈인 '지암지암'은 아이의 양손을 앞으로 내놓고 손가락을 쥐었다가 폈다 하는 행동을 되풀이하도록 하면서, 어른이 '지암지암'이라고 말하며 따라 하게 한다. 이는 무궁무진한 진리는 단박에 깨닫거나 터득하기 어렵기 때문에 천천히 두고두고 깨달으라는 뜻과 세상의 모든 것은 쥘 줄 알면 놓을 줄도 알아야 한다는 의미를 내포하고 있다. 줄여서 '잼잼'이라고도 한다.

제5훈인 '곤지곤지'는 오른손 집게손가락으로 왼쪽 손바닥을 찧는 동작을 하게 하며, 어른이 '곤지곤지' 라고 말하면서 행동을 따라 하도록 유도한다. 이는 사람이 하늘의 뜻을 헤아릴 수 있게 천리를 터득하면 사람이나 만물이 뿌리내리고 있는 땅의 이치도 깨달아 천지간의 무궁무진한 조화를 알게 된다는 의미가 담겨있다.

제6훈인 '섬마섬마'는 앞으로 곧게 뻗어 수평을 이룬 어른의 한쪽 손바닥 위에 아이의 두 발을 올려놓은 상태로 세우고, 바로 서도록 균형을 맞춰주면서 '섬마섬마'라고 말을 하며, 바르게 홀로 서는 연습을 시키는 행동이다. 이는 세상을 사는데 스스로 독립하여 홀로 서서 살아야 한다는 숭고한 뜻이며, '섬마섬마' 대신에 '따로따로'라고 말하기도 한다.

⧉ 조심하라, 진리를 따르라

제7훈인 '업비업비'는 아이들에게 하지 않아야 할 행동을 제지할 목적으로 경고하거나 강제로 억제를 하겠다는 암묵적인 의도가 내포된 말이다. 이는 성장한 뒤에도 언제나 상궤를 벗어나거나 참에 어긋나지 않아야 함을 일깨우기 위한 소망을 담은 표현이다. 요즈음 아이들이 위험한 행동을 하려고 하면 경고의 뜻으로 '에비! 에비!'라고 하는 말은 '업비업비'가 변한 예이지 싶다.

제8훈은 '아함아함'이다. 이는 손바닥으로 입을 막으며 소리를 내도록 하는 행위로서, 손으로 입을 가리면 입이 한자로 '아(亞)'

자 형태가 된다는 견해이다. 여기서 '아(亞)'자는 역시 한자로 '십(十)'의 모양이 된다. 이는 진리를 뜻하는 관계로 '진리를 따르라'는 의미가 된다. 한편으로는 평소 삶에서 '입을 조심하라'는 뜻도 포괄하고 있다는 얘기이다. 요즘 아이들이 입에 손바닥을 댔다가 떼기를 반복하면서 '아, 아, 아, 아……'라고 소리 내는 놀이가 이의 변형이 아닐까?

⧉ 천지조화를 깨우쳐라, 탄생과 삶을 축원한다

제9훈인 '짝짜꿍짝짜꿍'은 양 손바닥을 마주치며 소리 내는 동작이다. 이는 하늘과 땅의 조화 속에 하늘에서 땅으로 내려오고(弗), 땅에서 신이 되어 하늘로 올라가는(亞) 이치의 깨우침을 찬탄한다는 맥락에서 손뼉을 친다는 뜻이 담겨 있다

제10훈인 '질라아비 훨훨의'는 나팔을 불며 춤추는 동작을 말한다. 이는 우주의 모든 이치를 터득하고서 땅의 기운을 받아 탄생한 아이를 축복하고 행복하게 살라는 축원이 담겨 있다.

⧉ 오늘의 문화 관점에서 돌아보는 교육철학

하루가 다르게 변하는 디지털 문화의 지배를 받는 오늘날이다. 세속의 경쟁에서 우위를 점유하려는 얄팍한 교육의 목표가 우리 사회를 뒤덮고 있다. 이런 연유로 거대한 하늘의 이치나 자연의 섭리에 대한 심오한 성찰보다는 패스트푸드(fast food)같이 빠른 외양적인 교육 효과를 최고라고 자리매김하는데 주저하지 않는

가치관이 지배하는 세상이다. 이런 판국에 슬로푸드(slow food) 같이 느림의 미학을 생명으로 하는 단동십훈과 같이 케케묵은 교육철학을 운운하는 것은 시대에 뒤처져 서러운 낙오자의 부질없는 넋두리처럼 투영되지 않을까? 하지만 이 어려운 철학을 놀이 문화를 통해 자연스럽게 깨우치게 하려는 열린 사고는 오늘날 우리가 배워야 할 지혜로움이다.

첫돌 치레

🗗 고뿔아! 제발, 퍼뜩 떨어져 줄래!

유진이가 돌을 한 달 남짓 남겨 놓은 시점에 이르러 코감기에서 기침 감기가 이어지면서 고열과 설사를 하며 악전고투 속에 첫돌 치레 액땜을 단단히 했다. 며칠 지나면 자연스레 걸음마를 할 기세였다. 그런데 감기에 시달리면서 아이는 반쪽으로 줄어들어 초췌해진 상태로 자글거리는 핼쑥한 몰골이 안쓰럽기 그지없다.

지난 삼월 하순 화창한 봄볕을 쬐주려는 마음에서 교외로 데리고 나갔다가 덜컥 감기에 걸렸다. 병원을 수없이 드나들며 치료를 거듭하여 약간의 차도를 보일 무렵 내가 목이 부어오르는 감기에 걸렸다. 알쏭달쏭하지만 엎친 데 덮친 격으로 그 감기가 아이에게도 옮겨지면서 고생을 가중했던 게 아닌지 모르겠다.

🗗 첫돌잔치를 망친 고뿔을 성토하며

혹독하게 앓던 감기가 잡혀갈 무렵 생일이 다가왔다. 제 할머니는 그 와중에도 아이가 조금 좋아지는 모양새라며, 돌날(4월 23일) 아침에 먹일 것이라고 전날 밤에 미역국을 한 냄비 끓였다. 그런 할머니의 생각은 한낱 허황된 꿈에 지나지 않았다. 미역국을 끓였던 날 늦은 밤부터 갑자기 열이 심해져 고통스럽게 돌날을 맞이하며 야단법석을 떨었다. 첫 돌날 이른 새벽부터 병원을 두 군데나 옮겨 다니면서 자린고비같이 지독한 감기와 힘겨운 밀당을 하면서 애간장을 태우며 모든 것이 뒤죽박죽으로 헝클어졌다. 그래서 녀석은 할머니 정성이 기득 담긴 미역국을 입에 대볼 겨를도 없이 엉망진창인 상태에서 첫 생일을 넘겨야 했다.

조손이 사이좋게 주고받으면서 감기를 앓는 과정에서 유진이는 가혹할 정도로 혹독한 첫돌 치레를 했다. 한 달 이상을 감기와 고열과 아등바등 드잡이를 해오던 녀석이 고비를 넘겼는지 어제(2008년 4월 27일)부터 겨우 원래의 모습을 보이기 시작했다. 우유를 제대로 먹기 시작했는가 하면 설사가 멎으며 정상으로 놀이를 하면서 이것저것 나름대로 원하는 것을 주문해댔다.

⧉ 제발 훌훌 털고 힘차게 봄을 달리자

첫돌의 축복을 받아야 할 순간에 녀석은 병석에서 우리 내외의 애를 태우며 병원 문턱을 수없이 넘나들면서 힘겨운 투쟁을 하는 우여곡절을 겪었다. 오늘 아침도 내 품에 안고서 물에 타거나 시럽으로 된 약을 세 가지나 먹였다. 그런데 얼굴을 약간 찡그리면서도 도리질하지 않고 받아먹는 순둥이 모습을 유감없이 보여줘 무척 고마웠다.

툭하면 밖에 나가지 않는다고 앙탈을 부리며 울음보를 터뜨리면서 버둥거려 내 출근길을 무겁게 만든다. 겨우 첫돌을 지났지만 괴괴하다 못해 외로움이 짙게 배어있는 집안 분위기가 싫은 게다. 감기를 따돌리고 기력을 되찾으면 건강을 위해서라도 무시로 바깥 구경을 시켜 면역력을 기르게 하면서 너른 세상을 많이 구경시켜야 할 모양이다.

콧바람 쐬러 나가요

◻ 절집 같이 괴괴적적한 집안 분위기가 싫어서

돌을 넘기며 움직임이 자유롭고 자기 의사 표현이 분명해지면서 기회를 잡았다 하면 한사코 밖으로 나가자고 떼를 쓰며 생트집을 부리기 일쑤다. 그렇다고 잴잴거리며 마구발방을 일삼는 성격은 아니다. 아마도 괴괴하고 답답한 집안의 공기보다는 아파트 뒤쪽 자투리 공원의 싱그러운 수목과 시원한 공기가 좋은가 보다. 게다가 늘 저를 태우고 다니는 유모차를 타고 오가며 구경하는 사람과 거리의 풍경에 푹 빠진 걸까?

집안에서 마주하는 사람은 나와 제 할머니뿐 이기에 싫증이 날 법도 하다. 아무리 어린아이라고 해도 젊고 싱싱하며 활기 넘치는 젊은 축이 그립고 마음이 기울어짐은 당연하지 싶다. 아마도 이런 복합적인 이유에서 밖으로 나가 콧바람을 쐬는 것은 나름대로 즐거움이고 행복이리라.

◻ 나도 함께 데리고 나가줘요

내가 일터로 출근하려는 낌새를 보였다 하면 현관 쪽으로 쏜살같이 다가와 날름 품에 안긴다. 그리고 제 할머니에게 손을 흔들어 '빠이! 빠이!'를 할 때면 무척 평화롭고 행복한 표정이다. 만면에 웃음을 띠며 들떠 나대는 모습은 혼자 보기에는 아깝고 재롱처럼 사랑스럽다. 그럼에도 매정하게 내려놓고 나서야 할 때는 금세 눈에서 닭똥 같은 눈물을 뚝뚝 흘리며 앙앙대기 일쑤여서 가슴이 아릿하고 떨떠름한 기분을 떨칠 수 없다.

⧉ 바깥세상으로 인도하는 유모차의 매력에 빠져

유모차 타는 나들이를 너무도 좋아하기 때문에 나나 제 할머니는 자투리 시간이나 토막시간이 생기면 자주 청을 들어주려고 정성을 쏟고 있다. 특히 나의 경우 일찍 집에 돌아오거나 시간 여유가 나면 유진이를 유모차에 태우고 아파트 주위를 어정거리며 다양한 구경을 시켜주는데 이골이 났다.

어쩌면 아이들은 조용한 집안 분위기보다는 탁 트인 밖에서 다양한 사람이나 자연풍경을 보고 즐기는 걸 더 좋아하나 보다. 왜냐하면, 집안에서 행동이나 표정보다는 교외나 공원을 비롯한 밖에서 행동이 활달하고 더욱 밝고 맑으며 역동적인 모습으로 변한다는 점에서 그런 생각이 든다.

⧉ 아이야, 미안하다. 이해해 주려무나

그럼에도 불구하고 째깍째깍 바삐 돌아가는 삶에 쫓기며 살아갈 수 밖에 도리가 없다. 이런 제약 때문에 아이가 원할 때마다 콧바람마저도 제대로 쏘여주지 못하는 현실이 미안하고 안타깝다.

그렇다고 일상과 상투에서 벗어나 모든 일 팽개치고 아이에게 엎어질 수도 없지 않은가! 어떻게 하는 게 정답인지 당최 헷갈려 갈지자(之)걸음을 하며 갈팡질팡하는 내 꼴이 말이 아니다.

정신적 위안과 기댈 언덕

기댈 언덕이 절실한 아이를 위해

부모와 떨어져 사는 아이들은 자칫하면 정신적으로 위안을 받거나 기댈 언덕을 찾지 못해 방황할 위험이 도사리고 있다. 이런 이유에서 제 부모의 품처럼 무조건적이며 끝없이 넓고 깊은 안식의 대상이 필요하다.

어쩌면 이 세상에 부모의 사랑을 대신할 존재는 어디에도 없다. 그래도 현실에서는 대신할 그 무엇인가가 절실하다. 그렇다면 그 틈새를 좁혀 아이들이 바르게 자라도록 채워줄 수 있을까! 어렵고 힘들어도 그 대안과 노력은 엄연히 필요하다.

천륜이라도 부자와 조손의 그것은 다르다

비바람이 심한 날엔 우산이, 눈보라가 휘몰아치는 삼동엔 혹독한 추위를 피할 피난처가 필요하다. 이렇게 삶에서 어렵고 힘들 경우 무조건 너른 품으로 넉넉히 품어주는 게 부모이다. 어쩔 수 없이 조부모 둥지에 똬리를 튼 유진이에게 부모를 대신할 각오가 되어 있으며 자신이 있는지 자문자답하는 경우가 잦다.

각오를 되풀이하며 다짐을 거듭한다. 하지만 같은 천륜이 맺어

준 사이라고 해도 부모와 자식 간의 그것에 비유할 수 없으리라. 왜냐하면, 한 다리 건넌 관계가 조손 관계이기 때문이다. 그래도 어렵고 힘들거나 응석을 부리고 싶은 경우 맘껏 기대어 마음을 가다듬고 정리할 수 있도록 아이의 얘기를 많이 들어주고, 원하는 바를 도우려고 최선을 다하고 있다. 이렇게 허울뿐인 어정잡이에 머물지 않으리라는 다짐을 한다.

⊞ 위안은 믿음과 확신의 바탕에서 싹튼다!

아이들이 심정적으로 위안을 받고 무언가에 기댐은 확신 즉 믿음에서 출발한다. 그렇다면 믿음의 원천은 무엇일까? 이에 대한 다양한 견해가 있을 것이다. 그중에서 분명한 하나는 자기 얘기나 의견에 긍정적이고 우호적인 태도를 보이는 데서 비롯된다. 자기의 주장이나 원하는 바를 무조건 부정하지 않고 긍정적으로 받아들이면서 해결 방안을 함께 고민해 주면 심정적으로 돈독한 위안을 받는다. 그리되면 힘들고 어려울 때 자연스럽게 기대게 되면서 신뢰가 쌓여 확신을 하게 된다.

⊞ 부드럽고 살뜰한 조손 관계 정립을 위하여

전통적으로 할아버지와 손주의 관계는 권위주의적인 수직관계라서 껄끄럽고 경직된 경우가 대부분이다. 이런 전통적인 관습이 유진이와 관계에서 곧이곧대로 적용되면 아이는 질식할지도 모른다. 할아버지 둥지에 삶의 뿌리를 내렸기 때문에 부모 대신 무한정 기대고 응석을 받아줄 역할이 전제되어야 한다. 이런 연유에서 우리 부부는 크게 사리에 어긋나거나 도덕률을 부정하는 언행이 아니면 제 부모처럼 무조건 받아 주자는 쪽으로 의견을 굳혔다.

물론 법도나 사회적 통념에 어긋나는 큰 잘못은 서릿발 같은 원칙에 따라 바로 잡아 올곧게 자라도록 이끌고 있다. 이런 맥락에서 평소에 우리 부부에게 꼬박꼬박 존댓말을 사용하도록 강요하지 않는다. 그래도 다른 사람들 앞이나 공식적인 자리에서는 제대로 존댓말을 하는 것을 보면 아이가 빗나가지 않음을 알 수 있다.

때로는 나도 기꺼이 공동정범을 자청한다

이 같은 사고를 전제로 나는 유진이와 함께 공동의 비밀을 만들기를 주저하지 않는다. 예를 들면 무언가 잘못을 저지르거나 문제를 일으켜 할머니의 꾸지람이 따를 법한 문제가 발생해도 눈을 질끈 감고 넘김으로써 공동정범(共同正犯) 노릇에 기꺼이 참여한다. 그래서 둘 사이에 은밀한 관계를 형성해 신뢰를 쌓는다. 물론 이때 제 할머니에게 슬쩍 낌새를 넌지시 전하고 짐짓 모르는 척 넘기도록 한다. 결국, 아이의 다양한 견해나 어려움을 들어주고 심정적으로 공조를 하는 대응은 신뢰 혹은 확신을 여투는 지름길이다.

목욕 중에 대화의 효과

또 다른 대응법이다. 유진이가 유치원에 입학한 이후 특별한 돌발 상황이 발발하지 않으면 매일 함께 목욕이나 샤워를 한다. 예순두 살 차이 나는 할아버지와 손주가 알몸을 드러내고 서로 씻겨주는 과정은 권위의식이라든가 어른과 아이의 구별이 없다. 어쩌면 맨몸을 적나라하게 드러내고 되는대로 주고받는 대화에서 인간적인 교감이 이루어져 매우 효과적인 믿음과 확신을 쌓을 실마리를 제공한다.

공원에서 만난 할머니들의 정

◫ 살뜰한 정이 샘솟는 자투리 공원의 스케치

생쥐 풀 방구리 드나들듯이 아파트 뒤편 자투리 공원에 드나들며 친숙해진 할머니들이 귀엽다면서 당신들의 새참으로 가져온 삶은 감자를 주신다. 겨우 십육 개월째인 유진이의 앙증맞은 손으로 그 많은 감자를 받아 갈무리할 수 없어 대신 내가 받아들며 고맙다는 인사를 한다.

껍질째 삶은 지 오래되어 단단해졌고 아릿한 감자가 어린아이 입에 맞을 리 없다. 조금 오물거리다가 미간을 찌푸리면서 심드렁한 표정을 지었다. 얼른 다가가서 녀석과 키를 맞춰 앉아서 입을 벌렸더니 침이 묻어 미끈거리는 감자 조각을 거리낌 없이 내 입안에 뱉어놓는다. 기분 좋게 받아먹으며

'이렇게 맛있는 것을 싫어하네.'

라며 주위에서 모두 들리도록 큰소리로 눙치기도 한다. 감자를 준 할머니가 무안할까 봐서 분위기 반전을 겨냥한 체면치레 언사였다. 그 옛날 보릿고개인 춘궁기에 최고의 먹을거리였던 감자를 주셨다. 그런데 호오(好惡)를 떠나서

'먹기는커녕 뱉어버리면 속으로 얼마나 야속해 할 것인가!'

라는 생각이 스쳐 유진이가 뱉는 감자 조각을 흔쾌히 받아먹으며 맛이 있다는 몸짓을 하면서 이죽이죽 너스레를 떨었다.

해방구에서 누리는 자유와 사랑

지난 여름방학 두 달 남짓한 기간에 들쭉날쭉하지 않고 매일 해질 무렵에 한 시간 정도는 유진이와 함께 아파트 뒤편 작은 공원을 산책했다. 첫돌을 전후해서 감기에 걸리면 고열과 기침으로 달포 이상 고생을 하는 유진이의 건강을 위해 운동을 시키며 바람이나 햇볕을 쬐주려는 계산된 행동이었다.

쉼터 같은 공원에 오랜 기간 매일 같은 시간대에 나가면서 자주 마주하는 사람은 낯이 익어 눈인사를 주고받는 사이가 되었다. 그중에서도 오갈 데가 마땅치 않은 연로하신 할머니 대여섯은 하루도 빠짐없이 등나무 그늘 벤치에서 시간을 보내는 관계로 직장에 출퇴근하는 모양새였다.

유진이는 누구를 봐도 방긋방긋 웃는 낯으로 손을 흔들며 '빠이빠이'를 잘한다. 게다가 고개를 숙여 절하는 '배꼽 인사'에 익숙한 성격의 사교적인 성향이다. 공원 벤치에 앉아 먼 산을 바라보며 멀뚱거리던 할머니들에게 녀석이 다가가서 티 없는 웃음을 보이면서 손을 흔들어 대면 분위기는 단박에 반전된다. 거기다가 변죽이 좋아 할머니들이 짚고 다니는 지팡이나 유모차 따위를 밀고 다니는가 하면, 벤치 사이를 헤집고 잔달음 치면서 밉지 않게 아장거리며 헤살을 부리기도 한다.

그런가 하면 할머니들의 손을 잡고서 이리저리 가자며 종잡을 수 없이 앙증스러운 능청을 떨기도 했다. 언제나 그처럼 예쁜 짓만 하는 게 아니다. 제 맘에 들지 않거나 누군가와 의견이 귀나서 어그러지면 잔디밭에 발라당 나자빠져 버둥대며 앙앙거리는 곱지 않은 행동이나 깨방정을 떨다가 체면을 구기는 경우도 더러 있었다. 그런데도 말벗이 없어 외로운 할머니들에게 천진난만한 유진이는 과분한 대접을 받아왔다.

◫ 아름다웠던 공원의 추억과 현실의 제약

할머니들과 유진이 사이에 경계가 사라질 정도로 친숙해졌음인가! 당신들의 간식거리인 빵이나 과자와 사탕을 비롯하여 과일을 아낌없이 건네주신다. 어린아이에게 부담스러운 것을 줘도 엔간하면 채변(남이 무엇을 줄 때 사양함)하도록 유도했던 적이 없다. 왜냐하면, 할머니들의 따스하며 아름다운 사랑을 외면할 수 없기 때문이었다.

개학으로 공원 나들이도 뜸해지면서 할머니들 안부가 그립기도 하다. 아울러 그동안 웃자란 오이처럼 훌쩍 커버려 달라진 녀석의 모습을 보여 주고픈 마음이 꿀떡 같다. 하지만 일터의 자질구레한 일에 매여 시간 내기가 쉽지 않다.

유진이도 제 생활 리듬이 달라졌음을 실감하는가 보다. 이즈음 눈만 뜨면 시도 때도 없이 밖에 나가자며 제 외출복을 비롯하여 양말과 신발을 가져와서 입히거나 신기라며 매달려 생떼를 쓰며 으르렁거린다. 거기다 저와 밖에 나갈 때마다 기저귀나 손수건 등속을 넣는 작은 손가방까지 챙기며 설치는 꼴이 여간 당찬 게 아니다. 이제 태어난 지 겨우 열여섯 달인 주제인데.

◫ 옹골진 여름에 응축된 혼

지난여름 공원에서 연이 닿은 이웃 할머니들의 돈독한 사랑은 영롱한 빛으로 유진이의 혼에 응축되었으리라. 어쩌면 그 할머니들의 마음을 다시 경험할 수 없을 것 같다. 돌이켜보면 할머니들의 나눔은 사랑이 듬뿍 담긴 애정의 징표였다. 분명 유진이는 그 진한 잔풀호사를 자양분으로 무덥고 짜증이 절로 나는 여름을 넘기면서 무럭무럭 건강하게 자랐다.

옷이 날개라지만

손주도 두 아들도 물려받은 옷을 입혔다

유진이가 초등학교 3학년인 입때까지 제사와 명절 때마다 곱게 차려입는 한복이 있다. 이는 아내의 젊은 친구 아들이 어려서 입던 옷을 고스란히 물려받은 것이다. 처음엔 지나치게 커서 약간 걷어 올리거나 접어서 입혀야 했다. 하지만 유진이가 많이 성장한 이제는 너무 작아 올해까지 입고 나서 내년에는 아까워도 버려야 할 형편이다.

요즘은 원단의 질이 좋은 까닭에 오래 입어도 해지거나 색깔이 변한다거나 변형되기 때문에 더는 입을 수 없는 경우는 거의 없다. 아이들이 오뉴월 오이 자라듯 쑥쑥 크는 까닭에 한두 해 입고 나면 작아서 입을 수 없어서 버리는 경우가 숱하다. 그래서 어린 아이들이 입다가 버리는 옷이나 신발의 대부분은 아직 새것이나 다름없어 얼마든지 더 입히고 신길 수 있다.

두 아들을 기르던 70년대 말에서 80년대 중반까지 지인들의 아이들이 입다가 물려준 옷을 상당히 많이 입히고 신기며 키웠다. 깨끗하게 입거나 신다가 잘 세탁해서 물려준 것이기에 새로 산 것과 별 차이가 없어 꾀죄죄하거나 추레해 보일 염려가 없다. 그런 경험을 바탕으로 유진에게도 물려받을 수 있다면 망설이지 않았다.

⧉ 꼬리를 무는 나눔의 물려주기와 받기 문화

지금까지 여러 가지 점퍼, 다양한 티와 바지를 비롯하여 앙증맞은 신발 따위를 지인들이 물려주었다. 하지만 모두를 물려받은 것으로 해결할 수 없다. 그런 때문에 철이 바뀌거나 새해를 맞으면 새 옷과 신발을 구매해 물려받았던 것과 조화롭게 섞어 입히고 신기며 키워왔다.

새 옷과 물려받아 입었던 옷들이 작아져 입지 못하게 되면 상태가 좋은 것들은 골라 깨끗이 세탁해 둔다. 그랬다가 여러 가지가 모이면 한 보따리 싸서 어린이 보호시설에 전해주기를 되풀이해왔다. 수녀님들이 운영하는 시설로서 유용하게 이용된다고 했다. 어찌 되었든 지금도 물려받을 곳이 있었으면 기꺼이 받으련만 마땅한 대상이 없다. 그래서 필요한 옷가지나 신발을 예외 없이 새것을 사 입히거나 신기고 있어 상당히 아쉽다.

⧉ 그 옛날 내 또래들이 자랄 적 물려받던 문화

6·25전쟁이 휴전되고 초등학교 다니던 시절의 회상이다. 보통 형제는 대여섯이고 가난해 삼시 세끼 끼니 걱정을 면키 어려운 궁핍했던 시절의 얘기이다. 위에 맏형이나 맏언니가 입다가 바로 밑의 동생에게 물려 입히고, 다시 그 아래 동생에게 물림 되면서

몸에도 맞지 않을뿐더러 나달나달하게 해진 옷을 입고 다니던 경우가 부지기수였다. 그 시절 남루한 옷을 물려받던 것에 비하면 오늘날 그것은 당시의 부잣집 도령이나 공주가 입거나 신던 것보다 훨씬 좋다.

IMF 시절 빛났던 우리의 지혜

지난 1997년 IMF 사태를 겪은 이듬해로 기억된다. 국민이 불필요한 지출을 줄일 목적으로 생겨난 '아나바다 운동'이 있다. 이는 '아껴 쓰고, 나눠 쓰고, 바꿔 쓰고, 다시 쓰자'는 운동이었다. 이런 사회운동이 아니라도 자원의 절약은 물론 새것이나 다름없는 멀쩡한 옷이나 신발을 누군가가 물려받아 사용하는 풍조는 쩨쩨하거나 좀팽이의 오그랑장사가 아니기에 널리 권장할 일이다. 이런 맥락에서 손주 양육을 비롯해 모든 경우에 보편화 된 사회문화로 폭넓게 자리 잡았으면 좋으련만.

참고 또 참을 걸

참을 인(忍) 자를 세 번 쓸 걸

아직 제대로 된 수양의 경지를 바라는 것은 언감생심이요 헛된 꿈이다. 돌아보고 또 돌아보며 반성하고 참회할 일이다. 어제(2009년 4월 22일)저녁 유진이에게 속사포 같은 험구 쏟아부으며 야단을 쳤다. 이제 겨우 두 돌 언저리에 다다른 미운 세 살인데. 얼마 전까지도 티 없이 맑고 초롱초롱한 표정으로 어른들을 무척 잘 따랐다. 그런데 이즈음에는 이따금 막무가내로 성깔을 부리고 투정하며 흡족하지 않으면 왈왈거리며 드러누워 발버둥치는 맹랑한 행동으로 제 뜻을 관철하려 해서 얄밉상스럽다. 이럴 때 어떤 방법도 소용이 없다. 치미는 화를 삭이기 어려울뿐더러 신경이 곤두서고 이성을 마비시키며 끌탕을 치게 하여 언짢은 사태가 자주 되풀이된다.

쇠귀에 경 읽기

두 돌 언저리에 이른 녀석을 앉혀놓고 타이르며 구슬려도 쇠귀에 경 읽는 격이다. 그런데도 불구하고 혹시나 하는 미련을 버리지 못하는 어리석음을 범하고 있다. 하지만 들떼리는 야속한 행동이 되풀이되면 속이 상하고 답답해 숨이 막혀 견디기 힘들다. 그렇게 막다른 골목으로 몰리는 상황이 반복될 때는 울화를 제대로 갈무리하거나 삭이지 못해 고개를 절레절레 흔들며 참다가 끝내 울컥하여 야멸치게 닦아세운다.

◻ 두 돌 천방지축에게

오늘(2009년 4월 23일)이 유진이의 두 번째 돌이다. 녀석은 이목구비가 뚜렷하고 말은 야무지며 생각이 멀쩡하다. 아울러 매우 영특하며 성격이 무척 밝고 맑아 구김살이나 흠잡을 데가 없이 반듯한 도령이다. 이런 관점에서 볼 때 유진이는 선천적으로 타고난 성격은 상냥하고 싹싹하며 구김살이 없다. 그런데 고질병 같은 심통이 불뚝거리거나 어깃장을 지르며 마뜩하지 않아 몽니를 부리기 시작하면 감당할 재간이 없다. 그래서 어른들의 속을 뒤집어 놓고 정신이 혼미하게 만들어 이성을 마비시킨다. 아무리 생각해 봐도 말본새가 부드럽고 사교적인 성격이다. 그런데 어디에 그런 괴팍함이 똬리를 틀고 있는지 당최 알 수 없다.

어린 게 제 부모와 떨어져 외톨이가 되어 집안을 휘젓고 다니며 노는 모습이 무척 안쓰럽기도 하다. 저 혼자 거실 구석에서 쭈그리고 앉아 장난감 놀이를 하거나 텅 빈 방에서 외롭게 잠든 모습이 애처로워 눈을 돌렸던 적이 숱하다. 사랑에 허기져 허덕일 아이에게 더 많은 애정을 쏟으며 감싸고 베풀려고 안간힘을 쓰다가도 이따금 나를 시험에 들게 하는 아이가 원망스럽기도 하다.

⧉ 천사 닮은 천성(天性)

평소에는 천사처럼 온순하고 영명한 녀석이 괜스레 몽니를 부리며 옹고집을 피우기 시작하면 온 집안을 발칵 뒤집는 행패를 서슴지 않으며 과격한 모습을 보여 야속할 뿐 아니라 밉고 섧다. 어느 모로 봐도 얄망궂은 성격이 아님에도 최근에는 심부름을 시켜도 천연덕스럽게 새침을 떼고 외면하기 일쑤이다. 게다가 어린이집에서 친구들에게 배웠는지 가끔 응짜하는 버릇까지 생겼다.

⧉ 어른 노릇도 못하는 터수에 무슨 후회

야속하다. 그렇게 인내의 한계를 탐지해 내려는 듯한 행동을 적당히 무시하고 버텨내기 무척 힘들고 어렵다. 이럴 때 마음속으로 '참을 인(忍) 자'를 몇 번씩 썼다가 지우기를 되풀이한다. 그렇게 힘겹게 버텨내다가 끝내 녀석을 옴팡지게 으름장을 놓으며 몰아세우면서 닦달하고 나서 돌아서면 곧바로 후회를 거듭한다.

⧉ 진정한 반성문을 쓰는 걸까?

나는 지금 채신머리없는 행동을 하고 앞으로는 그러지 않겠다고 다짐하는 민망한 반성문을 깜냥대로 쓰고 있는지도 모른다. 할아버지로서 땅에 떨어진 체면이나 어른 값은 차치하더라도 이런 반성이 도로아미다불이 되지 않기를 다짐한다. 울화병처럼 응어리져 짓누르던 속내를 숨김없이 토로했더니 갑자기 밝고 맑은 세상을 정중정중 걷는 것 같이 마음은 가볍고 날아갈 것만 같다.

교육일까? 천성일까?

⧉ 엉뚱한 소견

이런 경우는 교육의 힘일까? 아니면 천성일까? 섣불리 판단하기 어렵다. 내가 등산을 위해 집을 나서는 것은 어쩌면 보통 사람이 직장에 출근하는 것과 별반 다를 게 없이 자연스러운 행동이다. 여느 때 같으면 할아버지 잘 다녀오라고 살갑게 인사를 건넬 아이이다. 그런데 오늘(2012년 1월 21일)은 웬일인지 '소 닭 보듯이 멀뚱멀뚱 눈을 깜빡일 뿐' 말을 섞으려 들지 않았다. 살짝 서운한 마음에서 녀석을 뒤로하고 현관 쪽으로 나가 등산화 끈을 조여 매고 있을 때였다. 녀석의 목소리가 등 뒤로 날아들었다.

"할아버지! 잠깐만!"

"왜?"

또다시 녀석은 "잠깐만!"이라고 소리쳤다. 순간적으로 평소처럼 등산 과정에서 땀이 나면 닦으라며 휴지 몇 장 뽑아올 것으로 여기고 뭉기적거리고 있었다. 뭔가 제대로 풀리지 않는지 연이어 외쳤다.

"잠깐만 기다려!"

잠시 시간이 흐른 뒤에 현관과 거실 사이 중간 문을 열고 살며시 웃음 진 얼굴을 내밀었다. 웬일일까! 손에는 세종대왕이 새겨진 지폐 한 장이 들려있었다. 무슨 일인가 싶어 휘둥그레진 눈만 껌뻑이며 물끄러미 녀석을 응시했다.

"할아버지! 산에 가서 배고프면 이걸로 맛있는 것 사 먹어."

이거 '백 천원(돈의 단위를 모르며 가장 큰돈을 백 천원이라고 호칭한다)'이라고 말했다. 극구 사양해도 소용없었다. 몇 차례 밀고 당겼는데도 되레 한 발짝 더 가까이 다가왔다.

🀱 돈 챙기는 버릇은 내가 가르쳤는데

결국, 등산복 상의 주머니에 억지로 만원을 쑤셔 넣더니 지퍼를 잘 닫으라고 반복적으로 당부하며 제 손으로 잠그는 시늉을 해댔다. 이런 당부는 외출하려고 현관문을 나서려는 녀석에게 돈을 쥐어주며 내가 수없이 내뱉었던 잔소리였다. 그런데 오늘은 거꾸로 당하는 처지가 되어 머쓱하기 짝이 없었다.

🀱 기발한 생각은 어디에서 연유했을까?

여섯 살에 들어서는 손자가 예순여덟의 할아버지 등산길에 배고프면 맛있는 것 사 먹으라며 만원을 건네려 한다. 아무리 생각해도 기분이 묘하면서도 녀석의 따사로운 행복 바이러스가 고스란히 전해지면서 환상의 세계로 이끌어 꿈을 꾸는 기분이었다. 이런 맥락에서 아이의 내일을 무조건 믿고 싶다. 예로부터 "콩 심은 데 콩 나고, 팥 심은 데 팥 난다"고 하여 종두득두(種豆得豆)라고 이르지 않던가!

어떻게 순간적으로 할아버지 등산길에 배가 고프면 무언가를 사 먹으라고 제 돈을 꺼내다 주려는 곰살궂은 생각을 했을까! 신통방통하기 이를 데 없다. 사실 그 돈은 지난 설에 인사차 들렀던 제자 S 박사가 주었던 일부로서 그동안 금쪽같이 간수하던 것을 내게 뜬금없이 건넨 것이다. 그 귀한 돈을 망설임 없이 내 등산길에 내놓는 진정한 심중을 제대로 헤아릴 길이 없다. 그 깊은 속내가 무엇을 겨냥하고 그 행위가 교육의 힘이든 천성의 발로이든 아름답게 영원히 간직했으면 좋겠다.

나쁜 버릇은 고쳐야 하고

고질병이 되기 전에 뿌리를 뽑아야 할 난제

유진이가 밥 먹는 버르장머리를 반드시 바로잡아야 한다. 내키지 않은 상황에서 밥 먹는 짓을 어른들이 지연작전인 태업(怠業)을 하는 모양새이다. 허구한 날 밥 한 숟갈 입에 넣으면 한도 끝도 없이 씹으면서 해찰을 거듭하여 어떤 때는 불과 몇 숟갈 먹는데 반 시간을 훌쩍 넘기기 일쑤이다. 그러면서 측은지심을 불러일으킬 정도로 애잔한 연기를 그럴듯하게 해대며 당장 토할 것처럼 웩웩거려 자칫하면 녀석의 작전에 휘말리기에 십상이다.

오늘(2012년 2월 3일) 아침도 밥상 앞에 앉아 연신 헛손질을 하며 마냥 깨작깨작하며 해찰을 하면서 굼뜨게 행동을 해대서 꾹 참으며 하는 꼴을 빠짐없이 지켜봤다. 서둘러 먹으라고 몇 번 주의를 주다가 울화가 치밀고 더는 견딜 수 없었다. 밥상머리에 앉은 지 한 시간 남짓 지났을 무렵에 밥그릇과 숟갈을 강제로 뺐었다.

체벌까지 서슴지 않았다

불러 세워 놓고 양쪽 빰을 툭툭 건드리며 야단하다가 얇은 플라스틱으로 만들어 휘청대는 파리채로 옷 위로 등과 궁둥이를 두 세 차례 때렸다. 그 과정에서 밥을 늦게 먹으면 안 되는 이유를 격정적으로 얘기하며 야멸치게 몰아세웠다. 하지만 이런 내 행동은 조선 시대 이문건(1494~1567) 선생이 쓴 양아록(養兒錄)의 드높은 경지에 결코 비견될 수 없다. 다만 보통 사람의 평범한 감정과 맥을 함께 할 뿐이다.

아파도 상벌은 추상같아야

몽니를 부리는 것은 아니지만 나쁜 습관이 고질병같이 버릇으로 굳어질까 걱정이 되어 선택의 여지가 없었다. 아프지만 단호하게 징벌을 내렸다. 어린이집에 가지 말고 큰방 안에만 있어야 한다고 엄명을 내렸다. 방바닥 한쪽에 푹신한 이불을 펼쳐 놓고 거실 쪽으로 난 출입문을 활짝 열어두어 밖에서 훤하게 들여다볼 수 있도록 했다.

방에 데리고 들어가 오늘 너는 밥을 먹으려면 언제든지 밖으로 나올 수 있지만 다른 이유로 나올 수 없다고 일렀다. 하지만 방에서는 이불을 덮고 자거나 자유롭게 놀아도 상관없으며 필요하다면 언제든지 안방 화장실을 사용하라고 일렀다. 그리고 컵에 물을 가득 따라다가 한쪽 모서리에 놓으며 목마르면 언제든지 먹으라고 했다. 이러한 일련의 조치는 한정적인 시간 동안 일정한 공간에 갇혀 자유를 유보당하면서 느껴보라는 의미였다.

마주 보이는 작은방의 컴퓨터 앞에 앉아 일을 하면서 일거수일

투족을 감시했다. 유별난 행동 없이 점심 무렵에 이르렀다. 살며시 녀석에게 다가가서 슬쩍 점심을 권했다. 하지만 자존심 때문인지 머쓱할 정도로 딱 부러지게 일언지하에 퇴짜를 놨다. '양반은 얼어 죽어도 겻불은 안 쬔다'는 지조에서 비롯된 행동이었을까! 녀석의 식욕을 자극할 요량으로 요란하게 점심을 챙겨 먹는 시늉을 하는데도 새치름한 표정으로 외면을 해서 정나미가 떨어져 미련 없이 숟갈을 내려놨다.

▣ 감싸는 아량과 품에 안기는 지혜가 어우러져

해 질 녘에 제 할머니가 돌아와 저녁 식사를 준비하며 잘못된 점을 존조리 알려주었다. 그리고 앞으로 반드시 고치겠다는 굳은 다짐을 받고 서릿발같이 차갑고 매섭게 시작한 벌칙의 막을 내리면서도 굴종을 강요하지는 않았다. 제 할머니가 어르고 달래며 저녁 식사를 하자고 회유하며 꼬드기는 과정에서 대뜸 죽을 쑤어 달라는 주문이었다.

꼴같잖은 녀석의 기지가 절묘하게 빛을 발하며 교묘하게 능갈을 치는 순간이었다. 죽은 빨리 먹을 수 있어 느리게 먹는다는 치도곤을 피해 갈 수 있다. 그런 계산을 찰나적인 순간에 전광석화같이 끝내고 시침 뚝 딴 채 이무기같이 의뭉스럽게 협상 조건으로 들고나오는 능청을 떨었다. 나와 제 할머니는 짐짓 모르는 척 넘기며 죽을 쑤어 대령했다. 천연덕스럽게 먹어치우며 맛이 있다고 공치사를 나불대며 이죽거리는 유들유들함을 보였다.

⧉ 그래도 마음이 아파 반성문을 쓴다

낮에 호되게 응징을 했던 때문인지 녀석은 혼자서 일찍 잠자리에 들었다. 나 역시 온종일 속을 부글부글 끓이며 마음고생을 했던 터라 피곤했다. 녀석이 꿈나라 여행을 막 시작했을 무렵에 나도 잠자리에 들었다. 녀석에게 가한 벌이 가혹하지 않았던가 하는 생각에서 마음이 편치 않아 쉬 잠들 수 없었다. 깜깜한 방에 누워 천장을 바라보고 편치 않은 마음에 고상고상하며 아침 식사자리에서 있었던 행동에 대해 포배기를 하고 있었다. 그런데 잠결에 녀석이 흐느껴 우는 바람에 나도 덩달아 속이 상해 씻은 듯이 잠이 달아나면서 정신이 말똥말똥해졌다.

⧉ 조부의 품이기에 더욱 엄정해야 한다

어쩌면 아이에게 이런 대응은 너그럽지 못해 '눈에는 눈(tit for tat)'이라는 '팃 포 탯' 전략을 적용하는 것 같은 대응이라서 가혹하다고 걱정할지도 모른다. 하지만 제 부모 품에서 성장할 경우 까칠한 성격이나 되바라진 행동을 막론하고 너그럽게 지나칠 수 있을지 모른다. 이에 비해서 조부모와 함께 살면서 아이를 버려놨다는 푸념이나 원망을 들을 개연성을 무시할 수 없다. 그 때문에 결코 녀석의 골칫덩이 같은 못된 행동이나 습관을 되는대로 받아들일 수 없다.

당장은 마음이 아프고 애처로워도 내일을 위해 작은 것부터 옥석을 가리는 가치관을 심어 반듯한 인품을 지닌 아이로 키워가는 게 도리에 맞을 성싶다. 이런 맥락에서 때로는 매정한 나무람이나 서러울 정도의 다그침도 담금질로 받아들였으면 좋으련만! 녀석이 내 맘을 눈곱만큼이라도 이해할 날이 언제쯤에나 다가오려나?

그래도 세월은 쏜살같았다

인고의 세월을 딛고선 귀공자

처음 일 년 가까이 유진이와 동행은 험난한 세월이었다. 아마도 2008년 늦은 봄까지도 녀석 때문에 제 할머니가 외출이 어려웠다. 심지어 녀석이 먹을 분유나 채울 기저귀를 사려고 마트에 가려면 나라도 보초를 서야 했다. 하지만 그 당시 나는 일터에 나가야 했기 때문에 그마저도 쉽지 않았다. 그런 이유에서 일주일에 3일 동안 오전에 어린이집에 보내다가 시간이 지나면서 종일반으로 옮겼다. 그렇게 우여곡절을 겪으며 벌써 네 해라는 세월이 흘러 다음 달(2012년 3월 2일)부터 유치원으로 둥지를 옮겨야 한다.

요즘 아이들은 참으로 명석하게 머리 회전이 빠르고, 행동이 반듯할 뿐 아니라 단어나 어휘의 선택을 비롯해 말주변이 놀랍고 능글맞다. 일상에서 순간적으로 발생하는 상황이나 사건에 대한 사리 판단이 민첩하고 대응방안이 출중해 당혹스럽거나 어안을 벙벙하게 만드는 경우가 숱하다.

녀석에 비하면 엄청나게 많이 세상을 경험한 나나 제 할머니에게 훈계하거나 어울리지 않게 일머리를 가르치려고 거들먹거리기도 한다. 이런 바탕이 되는 모든 지식은 녀석이 보고 배우며 친구들에게 듣는 어린이집의 학습효과이다. 왜냐하면, 집에서 그런 관점에서 의도적으로 학습을 시키거나 간접적으로 유도하려 겨냥했던 적이 도통 없다.

⧉ 어린이집 졸업을 맞는 감회

한 과정을 정리하고 마무리하는 공식적인 절차이리라. 어린이집에서 졸업여행(2012년 2월 10일)으로 눈썰매장을 당일치기로 다녀온다고 떠났다. 이는 아이가 접하는 세상의 외연을 넓히면서 훑어보는 역할을 톡톡히 할 것이기에 즐거운 하루가 되길 빈다.

그동안 참으로 어렵고 힘든 시련의 시기였다. 그렇게 모진 시련 속에서도 쏜살같은 세월은 묵묵히 자기 길을 갔다. 힘들다고 엄살을 떨고 야단법석을 떨어대던 우리 가족의 애환은 통째로 외면한 채 도도하게 말이다.

Ⅲ. 노랑 병아리의 삐악삐악

㉦ 아이야, 예가 청산이란다

임진년(2012) 삼월 초이틀 유진이가 유치원에 처음 가는 날이었다. 유치원 정문에 선 아이의 모습이 오늘따라 유난히도 의젓하고 믿음직스러웠다. 제 부모가 밖에 머무는 상태에서 키워 온 감회가 각별했다. 다음 달에 다섯 번째 생일을 맞는다는 사실과 삶을 배워갈 교육의 터전인 유치원에 다니게 되었다는 사실이 신기해서 아내와 마주 보며 싱긋 웃었다. 그동안 보살펴 주었던 어린이집을 뒤로하고 넓고 드높은 세상을 내다볼 창이며, 새로운 배움터인 유치원이 맘에 쏙 드는 곳으로 새겨졌으면 좋겠다.

어린이집의 울타리를 벗어나 다가가야 했던 미답의 유치원에 대해 두려움과 호기심을 동시에 느꼈던 모양이다. 처음엔 다양한 핑계를 앞세우고 탐탁지 않게 여기며 배타적인 모습으로 뻗댔다. 그러면서 여태까지처럼 어린이집에 계속 다니겠다고 천부당만부당한 쓸데없는 고집을 부리기도 했다. 그런가 하면 유치원에 가면 무엇을 하느냐며 재미가 있는지 간을 보려고 들면서 숨겨진 속내를 슬며시 드러내기도 했다. 아마도 녀석이 마음의 안정을 찾았던 결정적인 계기는 예비소집 일에 같은 어린이집을 함께 다녔던 몇몇 친구들의 모습을 본 뒤였지 싶다.

만감이 교차했던 첫 등원 길

공식적으로 유치원에 첫걸음이었던 아침 소회이다. 녀석의 한 손은 할아버지인 내 손을, 또 다른 손은 제 할머니 손을 잡고 유치원까지 걸어갔다. 집에서 유치원까지는 불과 300미터 남짓한 거리로 천천히 걸어도 3~4분이면 족하다. 그 짧은 시간 동안 녀석의 손을 통해 전해지는 따스한 온기는 표현하기 어려운 희열과 진한 감동으로 전해왔다. 조부모와 함께 살면서 크게 아프거나 험한 사고 없이 건강하게 자라준 사실에 우선 무조건 고맙다. 아울러 이목구비가 반듯하며 밝고 맑은 심성으로 성큼 자라준 게 그저 고마운 축복일 따름이었다.

꿈과 마음을 실은 소망

올과 내년을 꼬박 다녀야 할 유치원을 통해 아이가 어떤 모습으로 거듭 태어나길 원하는가? 아이에게 최고의 놀이터이며 최선의 교육장이기에 절대 호락호락하지 않은 기대를 한다. 우선의 건강하고 반듯한 품성과 넉넉한 소양을 가진 아이로 성장하길 기원한다. 아울러 또래의 동무들과 끼리끼리 소통하고 어울리면서 얌전하게 자기 의견을 말할 수 있으며, 남의 얘기를 차분하게 들을 줄 아는 넉넉한 심성을 기른다면 더더욱 좋으리라.

참으로 빠르고 덧없는 세월이다. 아이의 나이 여섯 살로 깜짝할 사이에 여기에 다다랐다. 그동안 어린이집을 거쳐 유치원을 다닐 정도로 훌쩍 자라버렸다. 이제 곧잘 나와 제 할머니를 설득해 자기의 주장을 기필코 관철하려고 기를 쓸 만큼 사유의 폭이 넓어졌고 소견까지도 멀쩡해졌다. 혼이나 정신이 비뚤어지거나 엇나가지 않도록 올곧은 성품을 길러줄 교육의 장이며 으뜸의 새로운 놀이터로서 유치원이 역할 하기를 기대한다.

한글전용 방침에 어깃장 지르기

신기했던 유치원의 한자 교육

내게는 6·25 전쟁으로 초등학교 1학년을 3년 다니고 2학년에 진급하는 숨겨진 이력이 있다. 이런 할아비 이력을 닮으려 함일까? 손주 유진이는 어린이집을 햇수로 네 해(2008~2011), 유치원을 두 해(2012~2013)를 다녔다.

유치원의 교육과정에 한자 교육이 포함되어 있었다. 처음엔 시큰둥하게 생각하고 눈여겨보지 않았다. 그런데 한두 달 지나면서 유치원에 다녀와서 "하늘 천, 땅 지…" 하면서 마치 젊은이들이 즐겨 부르는 랩(rap) 가사처럼 똑소리 나게 읊고 다녔다. 무심하게 넘기다가 하도 신기해서 살펴봤다. 그때만 하더라도 유진이에게 한글이나 숫자 개념을 전혀 가르치지 않던 때라서 노골적인 관심 없이 그러려니 생각하고 그냥 넘겼다.

한자 교육의 시험적 시도

아마도 첫 학기 중간 무렵부터 한자 교육 내용을 자세히 살펴보며 조금씩 학습을 시키기 시작했다. 벼락치기로 집중적인 학습이 아니라 매일 천천히 점진적으로 하나하나 익히는 쪽을 택했다.

그런데 과연 요즘 아이들에게 한자 교육이 가능할 것인지 의심스러워 조심했다. 게다가 한글 전용이라는 취지를 정면으로 위배하는 길이 아닐까 하고 망설이기도 했다. 그렇지만 우리가 사용하고 있는 단어의 상당 부분이 한자를 바탕으로 생성되었다는 사실이 용기를 내게 했다.

내가 겪었던 어려움을 극복하는 쪽으로

한글이나 한자 모두 유진이에게는 처음 접하기 때문에 특별한 거부감이 없지 싶었다. 처음엔 극히 초보적인 글자를 대상으로 매일 몇 자씩 화이트보드(white board)에 한 획 한 획 쓰면서 따라 쓰는 방법을 택했다. 내가 처음 한자를 배우면서 경험할 당시 가장 중요한 것은 첫째로 한자를 쓰는 순서인 필순(筆順), 둘째로 글자마다 그 뜻을 의미하는 훈(訓)과 읽는 소리인 음(音)을 정확하게 익히는 일, 셋째로 가능한 하나하나의 글자 단위로 기억하는 방법보다는 단어 중심으로 배우고 익히는 것이었다.

처음부터 한자를 쓰는데 엄격하게 필순에 따르도록 강조했다. 그렇게 필순에 따라 한 획 한 획 쓸 때마다 하나둘 셈으로써 자기가 쓰는 글자를 어떤 순서에 따라 써야 하며, 몇 획인지 자연스럽게 깨우치도록 했다. 만일 한자를 쓰는 과정에서 필순이 틀리거나 획수를 잘못 세면 가차 없이 해당 글자를 고쳐 써보도록 했다.

◫ 청출어람의 기색이 엿보여

지난 2012년 초여름 무렵부터 현재(2016)까지 매일 몇 글자씩 필순에 따라 획수를 세면서 글자를 쓰고 음과 훈을 읊도록 이끌었다. 물론 어쩔 수 없어 시간을 낼 계제가 못 되는 날은 건너뛰며 쉬었다. 그런데 매일 수십 개의 글자를 쓰고 읊으며 익혔던 것은 아니다. 그래도 시나브로 쌓인 노력의 결과로 지금은 몇백 개의 한자를 자유자재로 쓰고 읽으며 그 의미를 정확하게 꿰고 있다. 그런데 한자를 배우기 시작하고 얼마 지나면서 자기도 이제는 한자를 마음대로 쓸 수 있다며 일필휘지(一筆揮之)로 "先女", "子東車"라고 내갈겨 써 놓고도 무엇이 틀렸는지 모르고 의기양양하기도 했다.

스승보다 걸출한 제자를 일러 청출어람(青出於藍)이라 한다. 요즘 한자를 유진이에게 가르치려고 쓰다가 필순이나 획수가 틀리면 단박에 비난이 비수처럼 날아든다. 그럴 때 변명도 못 하고 멋쩍어 머리를 벅벅 긁적대는 내 꼴이 초라해 보이기도 한다. 나름대로 정성을 다한 결과로 유치원을 다니던 첫해에 한자 능력급수 8급, 두 번째 해에 한자 능력급수 7급에 합격했다. 초등학교에 진학한 뒤에도 매일 한자 공부를 여전히 하고 있어도 공인 능력급수 시험은 응시하지 않았다. 시험과 관계없이 초등학교를 졸업할 때까지는 계속시켜 스스로 필요한 한자 공부를 할 수 있는 기초를 다져 줄 생각이다.

무보수 가정교사

일생의 업(業)이 이모작 업으로

일터에서 내려선 지 꽤 오래되어 참빗장수나 아낙군수 꼴인 내 직업은 무보수 가정교사라면 적합할 성싶다. 왜냐하면, 어느 날 나를 돌아보니 어쭙잖게도 어린 손주 공부를 돌봐주고 있었다. 하기야 대학 재학 중에 가정교사, 군에서도 우연히 가정교사를 했고, 대학원을 마치고 곧바로 학교에 머물다가 물러났다. 따라서 일생을 통틀어 다른 분야의 경험은 눈곱만큼도 없다. 그런 까닭에 결국 적성에 맞는 노년의 소일거리를 제대로 찾은 셈이다.

깜짝 놀라 뛰어든 손주의 글자와 숫자 놀이

유진이에게 한글이나 숫자 개념을 가르치기 시작한 것은 유치원에 진학했던 첫해(2012년) 초여름이었지 싶다. 어느 날인가 유치원 친구 몇이 우리 집에 왔었다. 그런데 한결같이 동화책을 술술 읽고 숫자 카드를 척척 가려내는 행동에 정신이 퍼뜩 들었다. 그래서 여기저기 수소문하여 'G 학습'의 회원에 가입시켜 한글과 숫자 학습의 걸음마를 시작했다. 일주일에 한 번 방문하여 10여 분 정도 기초를 가르쳐주고 혼자서 학습하는 형태였다. 이것만으로는 부족하다 싶어 선뜻 내가 나서서 나름대로 한글과 숫자놀이 학습을 시켰다.

얼추 60년 전쯤 내가 한글을 처음 접하며 겪었던 경험과 어려움이 어렴풋이 떠올랐다. 아스라한 그 기억을 거울삼아 먼저 한글의 자음과 모음을 한두 개씩 쓰면서 따라 읽도록 했다. 내가 청색 컬러 펜으로 화이트보드(whiteboard) 한쪽에 기역(ㄱ)을 쓰고 '기역'이라고 읽으면, 유진이는 빨간색 컬러 펜으로 다른 한쪽의 화이트보드 위에 똑같이 따라 쓰며 읽는 식으로 첫발을 내디뎠다. 컬러 펜을 사용한 이유는 시각적인 효과와 흥미를 끌기 위한 나름대로 계산된 행동이었다.

◻ 원리와 원칙의 터득을 겨냥해

어쩌면 단순한 한글 자모음을 쓰는 기초를 가볍게 여길지 모르지만, 얼렁뚱땅 넘길 일이 아니다. 왜냐하면, 가장 바탕이 되는 자모음을 쓰는 순서나 방법부터 제대로 익히지 못하면 그 이후의 배움 또한 정도를 벗어날 개연성이 높아서 허투루 넘길 사안이 아니었다. 그리고 화이트보드에 삐뚤빼뚤 지렁이가 기어가는 모양으로 써도 나름대로 의미가 있었다. 앞에서 이끄는 나와 따라 배우는 유진이 사이에 공감대가 생겨 공부라기보다는 함께 놀이하는 분위기로서 학습효과는 놀랄 만큼 향상되었다.

몇 날 며칠 동안 시나브로 쓰면서 따라 읽다 보니 자모음을 모두 익히는 개가를 거뒀다. 그렇게 자모음에 익숙해지며 자모음

조합 놀이를 통해 다양한 글자 만들기를 꽤 했다. 예를 들면 자음 '기역(ㄱ)'과 모음 '아(ㅏ)'를 여러 형태로 조합해서 만들 수 있는 글자를 알아보는 따위의 놀이였다.

기장 원초적인 자모음을 읽고 쓰는 문리를 터득한 뒤에는 유진이가 가장 먼저 입으로 말했던 단어들을 쓰고 읽으면서, 앞서 배운 자모음을 조합해서 글자를 만드는 원리를 깨우치도록 했다. 이 단계에서 주로 인용된 말은 '가자(다)', '먹자(다)', '놀자(다)' 따위를 시작으로 아이들이 흔히 사용하는 단어들이었다.

조손이 놀이하듯이

여기서 신경을 썼던 것은 하나의 글자를 쓰고 익히는데도 한동안 나와 유진이가 힘을 모아 완성해 나갔다. 놀이처럼 접근하여 지루하거나 일방적으로 강요를 당하는 기분을 느끼지 않도록 하기 위함이었다. 예를 들면 '가'를 쓰는데 내가 청색 컬러 펜으로 자음인 '기역(ㄱ)' 자를 화이트보드 위에 먼저 쓰면, 유진이는 빨간 컬러 펜으로 내가 쓴 기역 자 뒤에 모음인 '아(ㅏ)' 자를 씀으로써 마침내 '가' 자를 완성하는 식의 방법을 즐겨 사용했다. 그러므로 한 글자를 완성하는데 조손이 협력한 모양새였다. 한편 자음과 모음을 다른 색으로 씀으로써 시각적 효과는 물론이고 딱딱한 공부라기보다는 놀이쯤으로 여기고 따라오도록 신경을 썼다.

뒤늦게 시작한 한글이나 숫자 놀이가 날이 가고 달이 바뀌면서 뚜벅뚜벅 제 궤도에 도달했다. 한참 앞서 공부했던 또래의 떨거

지들처럼 동화책도 읽었고 숫자도 어엿하게 쓰면서 셈도 척척 해냈다. 그런 연유에서 다른 아이들이 무엇인가를 조금 앞서 배우거나 잘한다고 조바심하며 심하게 내몰며 아등바등 노심초사할 필요는 없지 싶다.

⧉ 다양한 공부 방법

한글을 공부시키는데 내가 시도했던 방법은 하나의 예에 지나지 않는 것으로 가르치고 배우는 사람에 따라 천차만별한 많은 방법이 즐비할 것이다. 어쩌면 아주 훌륭한 합리적인 방법으로 한글을 교육하는 방법을 터득한 이들이 부지기수일 터이다. 그런데 감히 도사 앞에 요령을 흔드는 격이 아니었나 싶어 면구스런 마음이다.

파랑 자전거

예체능에 등신이 꿈꾸는 무한 질주

나는 예체능 방면에 숙맥이며 천치에 가까워 그 분야에 뛰어난 소질과 능력을 갖춘 사람을 존경한다. 이런 까닭에 유진이는 나를 닮지 않기를 바라는 마음에서 여태까지 암암리에 꽤 신경을 써왔다. 간절한 염원을 전지전능한 신이 들어 줌일까? 결론부터 말하면 유진이는 선천적으로 운동에 소질이 있다. 다만 체력만 보강된다면 그 방면에 주눅이 들어 기죽어 굽히고 살지 않아도 될 성싶어 천만다행이다.

파랑 자전거는 무한 질주를 전제로 한 끝없는 도전과 희망 그리고 꿈을 상징의 표상같이 나부끼는 단어이다. 그래서 강인한 체력과 정신력을 바탕으로 내일을 열어갈 젊음으로 채색하고픈 대상이다. 이런 맥락의 사고를 전제로 유진이의 운동을 옆에서 지켜보며 바람직하다고 판단되는 쪽으로 이끌려고 힘쓰는 현재 진행형 과제이다.

세발자전거와 유모차

아마도 유진이가 이 세상에서 제일 먼저 대한 초보적인 운동기구는 유모차가 아니었을까! 유모차와 비슷한 시기에 접한 것이 보행기일 법하다. 집에서는 보행기, 바깥나들이를 할라치면 유모차를 타다가 돌 무렵엔 세발자전거와 자연스레 친숙해지기 시작했으리라. 그렇게 집안을 휘젓다가 조금 성장하면서 집 밖으로 활동영역을 넓히며 세발자전거는 무엇보다 확고부동한 존재로 자리매김 되었다.

돌 지나면서 타기 시작한 세발자전거를 더 타기 어려울 만큼 자라면 아이들에게 어떤 운동을 차례로 경험 쌓게 할 것인가에 대해서 생각을 거듭하게 된다. 이에 대한 정답은 없지 싶다. 다만 아이의 발육이나 건강 상태를 비롯하여 부모의 선호도에 따라 다양한 운동에 경험을 쌓도록 이끌 것이다. 유진이가 여섯 살 무렵부터 조심스럽게 이끌었던 쪽은 이런 것들이다.

◰ 두발자전거와 훌라후프

처음엔 인라인스케이트를 타도록 할까 하다가 아직은 발목에 무리가 따를지 모른다는 생각에서 덩치가 큰 자전거를 택했다. 바퀴의 지름이 18인치로 조금 익숙해지면 두발자전거 전환이 가능한 파랑 자전거였다. 이전보다 비교할 수 없이 바퀴가 크고 빨리 달려 아이의 성장을 상징하는 운동기구로 안성맞춤이었다. 이 무렵 집에는 훌라후프를 사다 두고 시간 여유가 있을 때마다 자연스럽게 연습을 되풀이시켜 지금은 한번 시작하면 끝이 없을 정도로 숙달되었다. 따라서 자전거를 통해 스피드를 즐기며 사내아이의 성정을 맘껏 뽐냈고, 훌라후프를 통해 몸의 유연성을 기르도록 이끌었다.

▣ 태권도에서 수영까지 여러 운동에 단계적 접근

다음 해(2013) 가을부터는 태권도 수련을 허락했다. 그런 때문에 유진이의 여섯 살과 일곱 살엔 주로 두발자전거와 훌라후프를 비롯해 태권도를 수련했다. 아울러 자연학습을 겨냥해 공원과 산야를 헤매면서 각종 곤충과 작은 동물을 비롯하여 수많은 야생화와 식물을 살펴보며 동분서주했던 시기였다고 회상된다.

갑오년(2014년) 정월 옛 마산 국군통합병원 자리에 지은 아파트로 이사를 오면서 추가로 등산 쪽에 발을 딛도록 이끌었다. 그 무렵 씽씽카(킥보드)에 이어 줄넘기와 피구를 위시해서 인라인스케이트도 틈이 날 때마다 앞서거니 뒤서거니 시켰다. 그런데 씽씽카와 인라인스케이트는 며칠 동안 함께 데리고 나가 연습을 도왔는데, 바로 익혀 제 친구들과 어울렸다.

줄넘기와 피구는 태권도장에서 방학이나 토요일에 여는 특별강좌에 참여시키는 방법을 택해 익혔다. 처음엔 모두 시늉을 내는 수준이었다. 그런데 요즈음 지켜보면 제법 숙달된 모습으로 의젓하다. 한편 수영과 배드민턴도 맛을 보여주고 시나브로 익혀가고 있다. 배드민턴은 시간 날 때마다 내가 밖에 데리고 나가서 파트너가 되어 가르치고 있다. 수영은 태권도장에서 개설한 여름 단기 강좌에 참여시켜 기초를 다지면서 시간 여유가 있는 매주 토요일 제 할머니와 수영장에 가서 지속해서 연습을 이어가고 있다.

한 가지 꼭 추가로 시키고 싶은 게 있다. 턱걸이를 비롯한 철봉운동이다. 그런데 내가 숙맥이라서 가르칠 능력이 되지 않을 뿐 아니라 주위엔 마땅한 시설이 없어 흉내도 낼 수 없는 상황이다. 분명 위험으로부터 자신을 지키고 육체적이나 정신적으로 강건한 아이로 키우기 위해 여건이 허락하는 범위 내에서 열심히 운동을 시킬 참이다.

설렘과 두려움의 여름 캠프

◫ 캠프에 대한 소회와 괴나리봇짐 챙기기

오늘(2012년 7월 20일) 유진이가 유치원에서 행하는 여름 캠프에 참가하기 위해 1박 2일 여행을 떠났다. 여섯 살인 여태까지 밖에 나가서 한뎃잠을 자고 돌아온 적이 드물어서 의미 있는 이벤트이다. 이를 통해 단체생활을 경험하고, 협동심과 독립심을 기르는 기회가 되리라는 목표를 두고 개최되는 행사이다.

캠프는 경남 양산에 소재한 '양산 통도 아쿠아(aqua) 판타지아'에서 펼쳐진다. 여기서 각종 놀이 기구, 구명조끼 착용, 빛과 색깔 체험 놀이터, 워터파크의 물놀이, 캠프파이어, 가면 만들기, 미니 동물농장 등을 직접 체험하거나 관람하는 여정이다.

막상 캠프에 참가시키려고 하니 개인적으로 챙겨야 할 준비물도 결코 간단치 않았다. 수영복에 수영모, 물안경, 물놀이를 하며 자유롭게 신고 벗을 샌들, 어깨에 메고 다니는 물통, 주전부리 따위로만으로도 부피가 컸다. 여기에다 잠옷과 갈아입을 여분의 옷 등을 두루 챙겨 가방에 차곡차곡 담았더니 유치원용 가방이 비좁을뿐더러 만만찮은 무게였다.

🀆 캠프를 떠나는 숨겨진 속내가 궁금해서

오늘 아침 여름 캠프를 떠나는 녀석의 숨김없는 속내를 은근히 떠볼 요량으로 유치원으로 걸어가는 길에서 짐짓 몇 마디를 화두처럼 툭, 툭, 던지며 반응을 살폈다.

"유진아, 오늘 캠프에 가기 싫지!"

"아니! 왜 그러는데 할아버지!"

"아무라도 오늘 캠프 재미없을 거야!"

"아니! 선생님이 워터파크 무척 재미있다고 했어."

"응! 그러니!"

"너! 오늘 저녁에 혼자 자려면 무서워서 엉엉 울지 않을까!"

"할아버지! 바보야! 유진이 다 컸잖아!"

"걱정하지 마! 잘 갔다가 올게!"

고희를 코앞에 둔 할아버지가 겨우 여섯 살배기 손주에게 말을 던지는 족족 일방적으로 완전히 패했다. 어이가 없을뿐더러 말갈망할 자신이 없어 입을 다물었다. 그러다가 혹시나 싶어 유치원으로 들어가는 녀석을 멀뚱멀뚱 바라봤더니 한 마디 던졌다. 히죽거리며 마지못한 표정으로

"할아버지 안녕!"

이라는 말을 남기긴 채 뒤도 돌아보지 않고 안쪽의 교실로 황급히 사라졌다.

□ 온종일 안부가 궁금해 귀를 쫑긋하고 양산 쪽을 향해

종일 녀석의 안부가 궁금해 안절부절못했다. 밤 아홉 시 조금 지나서 담임선생님이 녀석과 통화를 시켜 줘서 안심된다는 제 할머니의 전언이다. 낮에 경험했던 온갖 놀이나 워터파크의 물놀이가 얼마나 신기하고 좋았던지 한껏 흥분하여 주저리주저리 주워섬기며 까르륵 낄낄거리며 야단법석이더란다.

야속할 정도로 당당한 녀석의 전화 목소리에는 어디에도 집을 떠나 불안해한다거나 가족이 그립다는 기색이 당최 보이지 않더란다. 그러면서 전화의 말미에는

"할머니 내일 갈게!"

라는 단호함을 보이며 망설임 없이 전화를 끊어 여간 서운한 게 아니었다는 얘기였다.

□ 정신적 이유기(離乳期)와 홀로서기의 지혜

언제나 물가에 세워둔 어린이처럼 위태위태해서 불안하기 그지없다고 생각했었다. 그런데 어느덧 훌쩍 커버린 아이는 둥지를 떠나 새로운 경험을 하며 비상할 만큼 훌쩍 커버렸다. 그렇게 세월이 지나면서 하루 이틀 그리고 한 번 또다시 한 번 되풀이되는 나들이를 통해 새로운 세상을 배우리라. 그렇게 시나브로 자신의 지평을 넓히며 홀로서기(going solo)의 지혜를 터득하고 깨우치면서 튼실하게 무럭무럭 자랄 것이다.

꼬마 곤충 도사

☐ 자연아, 곤충아, 나랑 친구 할래!

유진이를 매미와 잠자리 그리고 여치를 비롯하여 산야에 제멋대로 자라나며 꽃을 피우고 열매를 맺는 식물에 친숙한 자연 친화적인 아이로 키우고 싶었다. 그런 연유에서 지난 2009년 여름부터 2012년 초등학교 입학 이전까지 이른 봄부터 늦가을까지 매미와 잠자리, 방아깨비 따위의 곤충을 잡아서 손에 쥐고 살피며 다양한 식물을 접하도록 공원과 들로 끌고 다녔다.

처음엔 시커멓고 흉측해 섬뜩하게 보일법한 말매미를 손에 쥐지 못하고 기겁할 정도로 놀라 도망 다니며 얼뜨기 비슷한 행동을 했었다. 하지만 몇 년을 되풀이하여 공원이나 들판으로 헤매면서 매미, 여치, 방아깨비, 송충이, 잠자리, 귀뚜라미, 사마귀, 거미, 개구리, 도마뱀 따위를 주저하지 않고 손으로 매만지며 살피는 수준으로까지 비약적인 발전을 했다.

심지어 곤충은 머리와 가슴 그리고 배 세 부분으로 나눈다는 것도 정확하게 알고 있다. 또한, 머리에는 두 개의 눈과 한 쌍의 더듬이, 하나의 입이 있고, 가슴에는 두 쌍의 날개, 세 쌍의 다리, 배는 몇 개의 마디로 되어 있다는 사실도 정확하게 꿴다. 게다가 암

매미는 울지 않고 수컷 매미만 운다는 사실은 상식에 지니지 않는다. 이런 때문일까? 여름엔 매미를 잡아 친숙하게 다루는가 하면 가을엔 고추잠자리도 거리낌 없이 잡아가지고 잘 논다.

自 자연과 대화를 나누며

다른 아이들은 징그럽다고 질색을 하는 개구리에서 거미와 귀뚜라미를 비롯한 도마뱀까지 떡 주무르듯이 자유자재로 만지고 다룬다. 이런 솜씨는 가히 전공 학도를 연상시키고도 남을 지경이다. 결코, 왁달박달한 성격이 아님에도 곤충을 좋아하다가 초등학교 1학년 때는 교실에서 싫다는 친구 코앞에 곤충을 디밀어 울리고 선생님께 야단을 맞은 적도 있다. 지나치게 곤충을 잘 다루는 것도 과유불급의 화를 자초했던 일화이다.

곤충만이 아니다. 봄부터 가을까지 피고 지는 꽃에 대해서도 일가견을 이루고 있다. 민들레, 클로버, 알팔파(클로버와 비슷하며 붉은빛을 띰), 진달래와 철쭉, 생강나무 꽃, 산수유, 벚꽃, 개나리, 목련과 매화, 산나리 꽃, 칡꽃과 싸리나무 꽃, 들국화 등에 대해서도 정통하다. 또한, 산에 갈 때 옻나무는 정확히 구분해서 피해 다니고 가을 익어 떨어진 은행을 맨손으로 집으면 옻(알레르기)이 오른다는 사실쯤은 기본 상식이다. 게다가 보통 아이들은 꿈도 꿀 수 없을 만큼 등산을 많이 하면서 산에 사는 짐승과 산새를 비롯하여 나무와 풀을 배우고 익혔다.

⊡ 때늦은 후회의 어리석음을 범하지 않기 위해서

조금 더 지나면 일부러 학습시킬 시간이나 여유가 없을 게 분명하다. 따라서 어린 시절 자연에 친숙하도록 산과 들을 위시하여 공원 찾아가기를 여러 해 지속했던 일을 후회하지 않는다. 그뿐이 아니다. 시간 여유가 있을 때마다 바닷가 선착장에 데리고 가서 낚시를 하는 모습을 지켜봤던가 하면, 바다 속에 살아 움직이는 작은 물고기와 이름 모를 게와 해파리도 엄청 많이 관찰했다.

⊡ 오그랑장사 꼴이 아닐까?

혹자는 아이에게 현실적으로 필요한 다른 것에 취미를 붙여 실질적인 도움이 되도록 해야 한다고 주장할지 모른다. 그러므로 아이를 데리고 다니며 풀벌레나 곤충을 포획하는 짓은 바람직하지 않다는 견해가 있을 수 있다. 그래도 아이를 잘못 인도하고 있다거나 결코 오그랑장사를 하는 게 아니라고 자부하는 신념은 확고부동하다.

게임을 경계하며

◫ 무서운 게임중독

요즘 아이들이 중독되기 쉬운 게 게임과 컴퓨터를 비롯해 스마트폰이다. 디지털 문화가 발달하면 밝은 면만 있는 게 아니라 어두운 그림자가 동전의 양면처럼 존재한다는 엄연한 사실을 나타내는 확실한 증거이다. 우리의 기대를 비웃듯이 문화가 발달할수록 그 피해는 점점 강하고 넓게 영향을 미치는데도 완전한 대처방안을 찾기 어렵다. 그 때문에 독버섯 같은 그들 골칫거리를 인정할밖에 도리가 없다.

일반적으로 게임이라는 게 묘한 매력과 마력을 가진 중독성의 요물이다. 우선 어른이나 아이를 막론하고 몰입하면 시간 가는 줄 모른다는 점이다. 그리고 빠져들면 "신선놀음에 도낏자루 썩는지 모른다"는 말을 연상시킬 정도에 이르러 중독되는 경우가 흔하다. 그렇다고 일정한 시간이 지나면 작동을 자동으로 멈추게 할 방법도 마땅치 않아 골치를 앓고 있다. 하지만 일거에 해결할 신의 한 수인 묘수는 어디에도 없다. 그런 때문에 우리 주위엔 '게임 폐인'이라는 말을 공공연히 들먹이면서도 속수무책인 경우가 숱하다. 그러므로 어린이를 키우는 처지에서 많이 신경을 쓰지 않으면 큰 낭패를 당하기에 십상이라는 사실을 잊는 어리석음을 범하지 않아야 한다.

⧉ 무한정 게임의 위험에 노출된 세상

우리 집에서 유진이가 게임에 접할 기기는 두 가지가 있다. 먼저 텔레비전에 부착한 게임(WII) 패키지로 업데이트를 통해 확장할 수 있다. 하지만 최초에 제 아비가 구매했을 때와 변함없이 그대로의 기능에 머물고 있다. 그리고 컴퓨터로 인터넷에 접속하여 무진장한 게임과 만나는 길이다. 오늘날 이를 원천적으로 차단하여 접근을 막을 방법은 없다. 설혹 집에서 완전차단이 가능하다고 하더라도 바깥에 나가면 얼마든지 접속할 수 있어서 눈 감고 아옹 하는 임시방편에 지나지 않는다.

또한, 요즈음 스마트폰을 사 주는 순간부터 아이와 대화는 단절되어 단순히 한 공간에서 동거하는 외계인 같아진다는 푸념이 엄살이 아니다. 어른들로서는 그런 아이들이 야속하게 느껴질 수도 있다. 하지만 아이의 처지에서는 '하지 말라'는 내용뿐인 부모의 잔소리 대신에 무궁무진하게 펼쳐지는 사이버 세계의 서핑이 훨씬 자유롭고 신나며 재미가 있다. 게다가 마음만 먹으면 그까짓 게임은 질리도록 할 수 있는데 골치 아프게 부모와 대화를 하려고 안달복달할 이유가 있을까! 이런 맥락에서 볼 때 요즈음 아이들이 마음만 먹으면 언제 어디서를 막론하고 다양한 매체를 통해 무진장 게임을 즐길 수 있도록 활짝 열려있다.

게임중독을 막을 솔로몬의 지혜가 있는 걸까?

그렇다면 게임을 비롯한 디지털 세계에 지나친 몰입을 방지할 현실적인 특단의 방안은 무엇일까? 이는 기본적으로 자율적인 판단에 따라 게임을 자제토록 유도하는 길이다. 가능한 게임을 하지 않도록 이끌어야 한다. 하지만 일단 시작했으면 어떤 경우를 막론하고 일정한 시간이 지나면 끝내도록 스스로 자제하거나 마치는 습관을 기르는 방법을 말한다.

지금까지 게임의 중독 폐해가 육체적이나 정신적으로 심하기 이를 데 없다는 수많은 연구 결과가 있었다. 하지만 일거에 인류 문명의 세계에서 삭제하거나 화석화시켜 무력화할 묘안은 어디에도 보이지 않는다. 따라서 문화의 한 단면으로 인정하고 영원히 동행해야 할 암적인 존재가 게임이다. 그런 까닭에 피해를 최소화시킬 슬기로운 대응을 위한 지혜가 우리에게 필요하다.

산을 좋아하는 아이

얼치기 산 꾼의 산행 보고서

호연지기를 꿈꾼다거나 전문 산악인의 도전 정신을 빼닮으라고 산으로 이끌지 않았다. 그렇다고 "지혜로운 이는 물을 좋아하고 어진 이는 산을 좋아한다"는 고상한 뜻을 떠올렸던 것도 아니다. 다만 육체적 건강이 선행되어야 정신적인 건강이 따르면서 자연스럽게 완벽한 품성을 지닌 사람이 될 수 있다는 생각에서 유진이 산행을 이끌었다. 결국, 얼치기 산 꾼으로 만든 이면에는 가냘픈 아이가 육체적인 건강을 통해 정신적으로도 튼실해지게 만듦이었다. 그리된다면 어렵고 힘들 때 쉬 포기하거나 망설이지 않고 대차게 도전할 정신이 길러질 것이라는 기대 때문이었다.

지난 갑오년(2014년) 정월 지금 거주하는 아파트(옛날 국군마산통합병원 터)로 이사를 온 뒤부터 우연히 유진이를 데리고 산행을 시작했다. 아파트 뒷문을 나서서 비탈을 오르면 청량산 능선을 가로질러 덕동 쪽으로 개설한 임도(林道)와 만난다. 이 임도를 따라 가포 쪽으로 500여 미터 남짓 걷다 보면 오른쪽에 육각정이 나타난다. 이 육각정 앞에서 가파른 산비탈로 생겨난 조붓한 산길을 따라 3.6킬로미터를 올라가면 청량산 정상이다.

정상에서 다시 능선 길을 한참 내려갔다가 집으로 되돌아오면 대략 10킬로미터를 약간 웃돈다. 이 길은 비교적 평탄하지만, 초입부터 시작되는 비탈을 비롯해서 모두 세 군데의 만만치 않은 깔딱 고개가 버티고 혀를 날름거리는 꼴이다. 그러므로 어른도 오르다가 숨이 엉클어지면 헐떡거리게 마련인 노정이다. 이 산의 정상을 입때까지 유진이는 정확히 74번 등정했다. 아마도 또래의 아이들이 이렇게 많이 오른 경우는 유례를 찾아보기 어려울 것이다.

⧉ 산행하는 길은 끝없는 자연학습의 열린 공간

일곱 살이 되면서 얼결에 다녀오는데 4시간 정도 소요되었으며 중간에 발이 아파 걷지 못해 몇 군데에서 업고 내려오기도 했다. 그렇게 경을 쳤으면 두 손 두 발 들고 무조건 항복할 것으로 생각했다. 그런데 등산을 거듭할수록 본인이 또다시 가자고 설쳐대는 얼치기 산 꾼이 되었다. 그렇게 산과 친해지면서 자연스레 봄여름과 가을, 겨울용 등산복까지 갖췄다.

지금도 유진이와 오르는 산은 나 혼자 나서는 때보다 엄청 많은 시간이 소요된다. 계절에 따라 피는 꽃이나 나뭇잎과 열매, 각종 곤충과 동식물, 여름날 안개가 휘감아 아슴아슴한 능선 길의 신비로움에 대해 관심이 많다. 아울러 가을에 농익어 떨어지는 도토리나 알밤을 만나면 끝없는 질문을 쏟아내며 답을 듣고 나서 의문이 풀려야 발길을 옮긴다. 송충이, 다람쥐, 뱀, 개구리, 민달

팽이, 꿩, 청설모, 산새와 산비둘기 따위는 유진이의 좋은 학습 대상이다. 의문이 가실 때까지 묻고 또 묻는 끈기와 정신이 가상해서 될 수 있는 한 세세히 설명해 준다. 미심쩍다 싶으면 집에 돌아와 곤충 백과나 식물 백과 또는 동물 백과를 비롯해 인터넷 검색까지 하며 의문을 풀어야 직성이 풀리는 끈질긴 성격이다.

유진이 등산은 단순히 산에 다녀오는 게 전부가 아니다. 그 길은 자연 학습장이며, 식물과 동물 그리고 곤충과 대화하며 친근하게 그들에게 다가가는 교류의 장이다. 또한 조손(祖孫)이 가슴을 활짝 열고 격의 없이 대화를 나누는 열린 공간이기도 하다. 그러다가 천진난만한 아이와 나는 가끔 무료해지면 머리말이나 끝말잇기 놀이나 간단한 셈을 하는 게임을 하기도 하다. 이런 이유에서 시간 여유가 생기면 언제까지라도 동행하고픈 살뜰한 노정이다.

미카엘

유진이 세례명

원래 우리 집에는 가족이 공통의 종교가 없다. 이 때문에 입때까지 나와 큰아들은 무종교이고, 아내와 작은아이를 비롯해 유진이는 어엿하게 가톨릭에 적이 올라있다. 이처럼 종교에 대해 자유분방함은 내 주장 때문이다. 결혼 직후 아내와 합의했던 원칙이다. 종교를 선택하는 것은 개인의 자유이지만 배우자나 태어날 아이들에게 강요하지 말자는 약속에 따른 결과이다.

유진이는 자의 반 타의 반으로 가톨릭에 입문해서 세례를 받았다. 세례명이 미카엘(Michael)이며 제 할머니의 영향이다. 게다가 사이비 신자인 제 아비도 옆에서 거들었다. 따라서 엄밀하게 따져보면 제 할머니와 아비가 척척 죽이 맞아 유아세례를 받는 쪽으로 가닥을 잡았던 것 같다. 따라서 본인의 마음이나 신심은 뒷전으로 여겼었지 싶다.

사이비 신자인 유진 아비

아내는 처가의 영향으로 일찍이 그쪽에 발을 들여놓고 로사(Rosa)라는 세례명으로 꾸준히 성당에 나가며 신앙생활을 해왔다. 그래도 우리 집 두 아들에게는 성인이 된 후에 자신이 선택할 문제라는 원칙을 깨뜨리지 않았었다. 그런데 작은아이는 해군에 입대하여 훈련소에서 일요일에 쉴 수 있는 묘수 찾았단다. 그러던 중에 기껏 생각난 것은 제 어미의 신앙이었다는 얘기였다. 그래서 자연스럽게 영내의 성당을 찾아가 입교했다는 것이다. 그때 아브라함(Abraham)이라는 세례명을 받았다는 후일담에 너무도 뜻밖이라서 어리둥절했었다.

한편 유진이는 세례를 받은 뒤에 몇 번인가 미사에도 참석하며 또 다른 세상에 스스럼없이 빨려들어 가는 듯했다. 한동안 별 탈 없이 무해무덕하게 지나친다 싶었다.

성당의 차별에 분노하며 분심(忿心)이 일다

언젠가 미사에 다녀오더니 불만을 펑펑 쏟아냈다. 미사 중에 신부님이 어른들에게는 하얀 과자(영성체)를 주었단다. 그런데 자기에게는 주지 않는다고 투덜대며 불편해진 심기를 속사포처럼 내뱉었다. 어린이는 일정한 나이가 되어야 영성체를 받을 자격이 주어진다는 법도를 몰라서 생기는 분심일 터이다. 하지만 애통해하는 투정이 나름대로 일리가 있다고 여겨져 적당히 분이 풀어지도록 맞장구를 쳐주었다.

성당 법도에 깜깜한 안방통소에게

가끔은 성당에서 이렇게 한다거나 저렇게 해야 한다며 그 동네

율법에 완전 청맹과니인 나를 붙들고 열심히 주워섬기는 경우가 있었다. 그렇지만 그쪽 법도나 격식에 깜깜한 안방퉁소라서 먼 나라의 아득한 옛날얘기 같아 실감하지 못해 민망하기도 했다. 그런 때문에 얘기를 들으면서도 꿔다 놓은 보릿자루 노릇을 하는 경우가 대부분이다. 그러나 신부님이 어떻고 수녀님이 이렇다는 얘기는 어깨너머로 얻어들었던 설익은 풍월로 눈치껏 대거리를 하며 눈높이를 맞춰 깜냥대로 소통을 해오고 있다.

⧉ 할머니의 거짓말 감싸기

최근 제 할머니가 밤에 친구들과 약속이 있을 때면 대부분 성당에 갔다 오겠다는 핑계를 대고 집을 나서기 일쑤이다. 그러면 녀석은 할머니가 자기를 성당에 데리고 가지 않는다고 툴툴거리며 못마땅한 심사를 드러내며 으르렁거린다. 아내가 아이를 속인 사실을 합리화시키기 위해 '미사가 늦게 끝나기 때문에 네가 잠을 잘까 봐 함께 데리고 가지 못한 것'이라는 둥 그때그때 분위기에 맞춰 적당히 둘러대면서도 뜨끔해 피식 쓴웃음이 절로 난다.

⧉ 성스러운 안식처로서 종교이길 기원하며

무릇 종교란 초인간적이며 초자연적인 힘에 대하여, 인간이 경의, 존숭(尊崇), 신앙하는 일의 총체적인 체계를 의미한다고 정의하고 있다. 이와 같은 맥락에서 삶에서 지치거나 힘겨워 안식을 취하며 기대어 위안을 받을 수 있는 마지막 보루이자 피난처가 종교이지 싶다. 따라서 생의 굽이굽이를 지나면서 견뎌내기 힘들 때 주저하지 않고 다가가서 위안을 받는 성스러운 안식처로서 종교이길 간원한다. 비록 어른들에게 이끌려 영세를 받았을지라도 (마산월영성당) 신실한 삶을 지향하는 데 영혼의 혼탁을 막아 줄 최후의 보루로서 종교가 자리한다면 더 할 수 없는 자애로운 신의 은총이리라.

남녘의 눈 예찬

남녘인 때문에 눈이 내려 하얗게 쌓이는 축복은 몇 년에 한 번 정도로 드물다. 이 때문에 유진이가 마산에서 온 누리에 눈이 쌓였던 설국의 모습을 봤던 적이 없다. 그런데 행운인지 낮에 수북하게 쌓여 온 누리가 백설의 요술 세계로 변신했다(2012년 12월 7일). 유진이에게 제대로 된 눈의 향연을 체험시키고픈 충동에 무조건 유치원으로 달려가 조퇴를 시켰다. 그리고 집으로 돌아와 완전무장을 시키고 인적이 드물어 발길이 거의 닿지 않은 공원으로 달려갔다.

다행히 드넓은 공원의 잔디밭에 내린 눈은 아무도 밟지 않아 함께 놀이하기에 안성맞춤이었다. 비록 녹아가고 있어도 흰 눈이 빛나는 세상으로 변한 공원을 이리저리 들뛰며 환호성을 지르다가 지쳤는지 눈싸움을 걸어왔다.

눈사람 만들고 성 쌓기

눈을 뭉쳐 눈싸움을 하는 겨룸의 놀이가 시들해지면서 죽이 맞아 눈사람을 만들기로 했다. 눈사람 만드는 작업은 분업 원칙에 따라 나는 몸통으로 쓸 눈덩이를 만들었고, 유진이는 작은 눈덩이를 만들어 머리로 사용했다. 그리고 몸통과 머리를 한데 붙인 뒤에는 두 눈을 만들 돌과 코와 입을 만들 나뭇가지 조각을 비롯해 팔을 만들 청솔가지 따위는 유진이가 사방을 들쑤셔 어렵사리 구해 와서 완성했다. 그렇게 눈사람 둘을 만들고 나서 시큰둥한 표정이 역력하더니 이번에는 눈으로 성을 쌓자고 제안했다.

눈사람을 만들고 성을 쌓다 보니 장갑 속으로 찬물이 스며들어 손가락이 아려도 꾹 참아야 했다. 왜냐하면, 내가 춥고 손이 곱아 쩔쩔매야 할 정도라면 유진이가 한층 더 고통스러울 터이다. 그런데도 눈 하나 깜짝하지 않는데 체통 없이 어른이 앞장서서 호들갑을 떨 수 없었다. 그래서 짐짓 아무렇지도 않은 듯이 딴청을 부렸다.

⊡ 유진이 맘속에 무엇을 새겼을까?

눈 깜짝할 사이에 시간이 많이 흘렀는데도 불구하고 놀이를 접을 기미를 전혀 보이지 않았다. 설경에 푹 빠져 헤어나지 못하는 유진이를 꼬드겨 어슴푸레 땅거미가 내려앉을 무렵에 집으로 향했다. 공원에서 집으로 돌아올 때 손을 잡고 걸으며 도란도란 나눈 얘기이다.

"할아버지! 오늘 고마워!"

"뭐가?"

"눈사람 만들고 눈싸움하며 성을 쌓게 해줘서……."

“정말 재미있었니?”

“내가 눈을 만지고 눈사람 만들고 성 쌓는 거 처음이잖아!”

“그렇구나!”

“그런데, 할아버지!”

“뭔데?”

“다음에도 눈이 오면 나 (유치원에)일찍 데리러 와!”

“뭐하려고?”

“오늘처럼 또 눈 놀이하려고!”

“그래.”

“꼭이다!”(이 말을 듣는 순간 대답 대신에 녀석의 손을 더욱 꼭 잡았더니 작은 손이 더욱 앙증스럽다는 느낌이 왔다.)

어쩌면 득실을 차근차근 따져보는 것은 뒷전으로 치부하고 덤벙대는 나의 기분에 따라 대책 없이 아이의 생활 리듬을 깨 놨다고 덤터기를 쓰지 않을까 하는 의구심을 떨치기 어려웠다. 하지만 몇 년 만에 내린 백설의 축복을 온몸으로 맞는 경험은 쉽사리 주어지는 축복이 아니기에 후회하거나 밑지는 오그랑장사가 아니렷다.

Ⅳ. 예닐곱의 화려한 외출

도의 길 태권도

🀆 호신술을 통한 자존감을 길렀으면

유진이에게 태권도에 입문토록 했던 게 유치원 적을 둔 지 두 해째(2013년) 가을로 접어들 무렵이지 싶다. 사람이 육체적으로 건강해야 정신적으로도 안정되어 완전한 인격을 지닐 수 있다. 아울러 어려움을 참아내며 견딜힘을 길러야 강해질 수 있다는 생각에서 단안을 내렸다. 그렇게 꾸준히 단련하면 험한 세상 불의에 닥칠지 모르는 위험으로부터 자신을 지켜내면서, 위기를 벗어날 능력과 힘을 길러 호신술로서 역할을 너끈하게 할 수 있으리라는 기대 또한 적지 않았다.

약골은 아닐지라도 가녀린 몸매인 관계로 또래의 아이들이 만만쟁이로 우습게 여겨 해코지하거나 괴롭히면 자신을 지켜낼 자신감과 능력은 필수적인 충족 기본요건일지도 모른다. 세상이 험악해지면서 스스로 자신을 지키고 보호하지 못하면 어느 누구도 완벽하게 자신을 돌봐주지 못하는 게 이즈음 현실이다. 이러한 맥락은 개인뿐만 아니라 집단을 비롯해 사회와 국가도 마찬가지이다. 그래서 수련을 통해 자기 보호 능력을 기르고 힘을 여퉈두는 길은 모든 면에서 자신감이나 자존감(自尊感)을 가질 수 있도록 만들기 위해서도 필수조건이다.

◫ 지성이면 감천인가! '1품'을 품에 안다

입문한 날부터 여태까지 매주 월·수·금 3일에 걸쳐 하루에 1시간씩 수련을 쌓고 있다. 처음엔 태권도라기보다는 절제 없이 춤을 추는 듯해서 어설프기 짝이 없었다. 옛 어른들 말씀이 "이슬비에 옷 젖는지 모른다"고 했던가? 날이 가고 달이 가며 해가 바뀌기를 거듭하며 동작 하나하나에 힘이 실려 있고 매서워졌다. 이렇게 쌓인 수련 결과이리라.

지난해(2015년)에는 국기원에서 실시하는 공인 '1품 심사'에 합격하여 품증을 받았다. 그리고 얼마 전(2016년 5월 21일) 마산실내체육관에서 공인 '2품 심사'를 받고 왔다. 하지만 아직 합격 여부는 알 수 없다. 문외한으로 잘 몰라 아이들이 받게 마련인 '1, 2, 3, 4품'을 하찮게 여겨 사시(斜視)의 편견으로 봐왔다. 이들 품증 심사에 합격한 뒤에 일정한 나이(15세)가 되면 자동으로 단증(段證)으로 바꿔 준다니 대단한 성취의 징표이다.

◫ 지난날 군에서도 강조했던 태권도

갑자기 지난 60, 70년대 군인들이 생각난다. 그 당시 모든 군인은 태권도 유급자로 거듭 태어나야 한다는 군명이 떨어졌었다. 그로 인해 제대를 코앞에 둔 말년 병장들도 열외 없이 연병장에서 태권도 수련을 받으며 헉헉대던 모습이 아른거린다. 만일 오늘날에도 그렇다면 유진이는 그런 훈련에서 자유롭지 싶은 생뚱맞은 생각이 스친다. 왜냐하면, 현재 상황을 기준으로 할 때 유진이가 15살이 되면 자동으로 태권도 공인2단증이 발급된다는 이유에서 하는 여담이다. 지난 5월에 심사를 받았던 2품에 합격되었기 때문이다.

잘은 모르지만 분명 태권도는 단순한 기술이 아닌 도(道)에 이르는 험난한 수련이다. 별 관심을 끌지 못하는 동작 하나하나에도 땀과 피를 비롯하여 정진을 겨냥한 정신과 극의(極意)가 깃들었다는 점에서 이르는 말이다. 언젠가 검술에 달통한 이로부터 들은 얘기이다. 이런 운동을 하는 이들이 흔히 단련이라는 말을 즐겨 사용한단다.

◫ 진정한 수련의 도(道)

단련(鍛鍊)이라는 단어 대한 의미를 그는 이렇게 말했다. 단(鍛)은 같은 동작을 1,000번 반복해서 연습하는 것을 의미한다. 그리고 련(鍊)은 같은 동작을 10,000번 반복해서 연습하는 것을 뜻한다는 얘기였다. 문외한의 눈에는 하찮게 투영되는 동작 하나를 익히는데도 천 번 아니 만 번을 연습해야 한다는 사실에 깨달음의 마음과 눈이 번쩍 뜨일 것 같다.

무릇 진정한 운동의 참뜻은 도를 닦는 수련의 그것과 상통한다. 이런 관점에서 유진이가 태권도 수련을 통해 육체적 혹은 정신적 건강의 범주를 초월하여 도에 이르는 깨달음에 이를 수 있는 걸까! 너무 큰 욕심은 번뇌와 망상을 불러일으키게 마련이기에 부질없는 욕심을 빨리 거둬들여야겠다. 그래도 수련의 참뜻을 잊어버리는 어리석음을 범하지 않기를 염원한다.

다정이 병이 되어

오지랖 넓은 할배가 덤벙대다가

유진이와 함께 자주 오르는 청량산 산길 주변에 유난히 옻나무가 많다. 무심코 나무를 꺾다가 옻이 오를까 염려가 되어 조심하도록 주의를 되풀이시킨다. 자칫 실수하면 언젠가 할아버지가 은행나무 열매를 만지다가 손과 목 그리고 가슴에 빨갛게 좁쌀처럼 부풀어 오르던 옻이 오른다고 말이다. 하도 여러 번 옻나무에 대해 얘기를 했더니 이제는 내가 뭐라고 하지 않아도 옻나무가 있으면 스스로 피해갈 정도가 되었다.

아마도 2012년 추석을 앞둔 어느 날이지 싶다. 금전 거래를 하는 은행이 아닌 나무 열매 은행(銀杏)을 알려 주려고 설쳐댄 게 원죄였다. 은행나무를 공손수(公孫樹)라고도 부른다.

그 당시 살던 아파트는 마산 서항 매립지 중에서도 바닷가 언저리였다. 그 주위 도로변의 가로수는 은행나무였다. 그러나 유진이에게 은행에 대해 제대로 설명해 줄 기회가 없었다. 언젠가는 꼭 설명해 주겠다는 생각을 하고 있던 차에 태풍 산바(Sanba)가 휩쓸고 가던 날 첫 새벽에 은행 생각이 났다.

⧉ 태풍으로 떨어진 은행의 껍질을 벗기는 과정은 좋았는데

비는 그쳤지만 바람이 꽤 강한 날씨임에도 불구하고 유진이게 장화를 신기고 포충망을 손에 들려서 은행나무를 찾아갔다. 물론 은행을 직접 손으로 만지면 옻(알레르기)이 오른다는 예비지식을 바탕으로 일회용 비닐장갑과 봉지를 준비해 갔다. 태풍에 속절없이 떨어진 은행이 도로 여기저기에 즐비하게 나뒹굴고 있었다. 유진이에게 그 은행 열매를 발로 비벼서 껍질을 벗겨 은행 알을 분리해 내는 방법을 일러 주었더니 제법 그럴싸하게 척척 해냈다.

하지만 옻이 오를지 모른다는 생각에 절대로 손으로 만지지 못하게 엄명을 했더니 말귀를 제대로 알아듣고 잘 따라 했다. 그 대신 껍질을 벗겨 과육과 분리된 은행 알은 죄다 내가 비닐장갑을 낀 손으로 봉투에 담았다. 집으로 돌아와 깨끗이 씻어 바구니에 널어 햇볕에 건조시키는 중이었다.

⧉ 덜 마른 은행 알을 맨손으로 만진 대가가 옻

건조 과정에서 방심한 채 맨손으로 만지며 이리저리 헤치는 실수를 범했다. 덜 마른 은행 알을 함부로 만진 즉시 옻에 감염되는 게 아니었다. 만진 뒤 나흘째 되던 날 밤이었다. 샤워를 하려고 옷을 벗었는데 양 팔꿈치와 왼쪽 가슴 그리고 손가락 사이에 붉은 발진이 흉물스럽게 돋아 있어 무척 놀랐다.

다음날 일찌감치 서둘러 피부과의 첫 손님으로 등록해 검진 결과 옻에 감염된 것으로 판명되어 치료를 받았다. 그 뒤에 열흘 남짓 주사를 맞으며 약을 복용하는 것도 모자라 연고를 살갗에 바르는 야단법석에 주접을 떨었다. 이 기간에 하필이면 추석이 끼어있었다. 명색이 가장인데 차례를 모시고 조상의 음덕을 기리며 음복하면서 가솔들에게 덕담이라도 해줘야 격에 어울리는 법이거늘 예상치 못한 옻의 훼방으로 체통을 한껏 구겼다.

⊡ 자라 보고 놀란 가슴 솥뚜껑 보고도 놀라

은행을 제대로 알려 주려다가 봉변을 당하고 얼마 지난 어느 날이었다. 깜깜한 새벽에 등산을 갔다 내려오다가 도토리가 땅에 떨어진 게 보여 한 줌 주워 집에 가지고 와서 유진이 앞에 내놓았다. 그 모습을 저만치서 우두커니 건너다보던 아내가 던진 말이다.

“그 도토리 때문에 또 옻오르는 게 아냐?”

라며 걱정을 했다. 세상에 도토리가 옻을 오르게 하는 경우가 있을까?

유진이도 따라서 “그렇지 않지!” 하며 도토리를 받아들었다. 지금 돌이켜 생각해도 손주 교육하겠다는 욕심에서 사려 깊지 못하게 함부로 나대다가 옻이 올라 병원에 다녀야 했던 덜떨어진 할아버지가 과연 정상으로 보였을지 모르겠다. 세상에 손주 교육을 한답시고 덤벙대다가 옻이 올라 쩔쩔매며 코미디 같은 해프닝을 벌이는 칠칠치 못한 할아버지의 넋두리를 또 들어 볼 수 있을까!

달갑지 않았던 수두

◫ 수두 백신 접종을 빠뜨렸던가?

유진이가 수두(chicken pox)를 앓고 있다. 혹시 백신 접종이 빠졌던가 싶어 소아건강수첩을 꺼내 들고 꼼꼼히 살폈다. 거기에는 매년 초가을에 접종하는 독감 백신을 위시하여 열 한 개 영역의 백신을 모두 35회 접종했음을 깨알 같은 글씨로 빼곡하게 기록되어 있었다. 이들 모두는 단골로 다니던 소아청소년과 병원에서 지정하는 시기를 정확히 맞춰 접종한 사실을 빠짐없이 기록해준 내용이다.

한편 수두 백신을 접종한 날짜(2008년 5월 29일)가 정확히 적바림되었다. 백신 접종의 효험인지 모르지만 가볍게 앓으며 치유가 무척 빨라서 확진을 받은 지 닷새째인 오늘(2013년 11월 17일)의 증상은 매우 안정적이다. 전신의 여기저기에 뾰루지처럼 돋아났던 붉은 발진(發疹) 증상이 몇 개를 제외하고 거의 흔적을 감춰 정상에 가까운 느낌으로 마음이 가볍다.

◫ 팔푼이 할배는 병증(病症)도 몰라보고

지지난 목요일과 금요일(11월 8~9일) 유치원에서 고추장 명

산지인 순창 지역으로 졸업여행을 다녀온 뒤 월요일 아침에 옷을 갈아입힐 때였다. 다리와 등에 무언가에 물린 것처럼 빨갛게 부푼 발진이 나타나 대충 약을 발라주었다. 그리고나서 집 안 구석구석을 샅샅이 살펴봐도 모기나 다른 해충의 흔적을 찾을 수 없었다. 다음날인 화요일에도 추가로 발진이 발견되었다. 그런데도 불구하고 찬찬하고 꼼꼼하게 살피지 못하고 얼렁뚱땅 살피며 어물쩍 넘기는 어리석음을 범했다.

⊞ 아내는 역시 육아에 도사

데면데면 무관심하게 이틀을 보내고 난 수요일(11월 13일) 아침이었다. 제 할머니가 샤워를 시키고 나오다가 놀란 속내를 고스란히 드러내며 아이를 병원에 데리고 가야겠다고 했다. 내심으로 걱정하며 찬찬히 살펴보니 뾰루지처럼 빨갛게 돋아난 발진이 전신에 어지럽게 돋아난 게 열꽃이나 곤충에 물린 상처와 사뭇 달랐다. 유치원에 알리고 어려서부터 여태까지 다니는 어린이 병원을 찾았다.

⊞ 역시 의사는 매구였다

손주의 상태를 눈으로 확인한 의사는 단박에 수두라며 처방해 주었다. 주사는 없었고 발진 부위에 바르는 분홍색 약과 복용할 약을 처방 받아 집에 와서 지시대로 충실히 따랐다. 그 이후에는 특이한 증상이 나타나지 않았다. 다른 아이들에게 전염 가능성이 높기 때문에 계속 집에서 머물며 주야장천 비슷한 놀이를 하는 옹색한 처지로 몰려 끌탕을 쳐도 묘책이 떠오르지 않아 낭패스럽다. 물론 법정 전염병은 반드시 격리해 치료하는 게 맞는다고 했다. 어찌하겠는가? 예로부터 '악법도 법이다(Dura lex, Sed lex)'이라 했거늘, 엄연한 법정 전염병으로 아이를 격리해야 하는 조치를 기꺼이 받아들여야지.

한편, 치료 사흘째인 금요일 다시 병원에 들러 며칠 분의 약을 추가로 처방받아와 열심히 복용하며 환부에 꼬박꼬박 발라 지금은 얼추 완벽한 마무리 단계에 이르렀다. 내일(11월 18일)인 월요일은 정상적인 일상으로 돌아가도 아무런 문제가 없어 보일 만큼 쾌청한 상태로 컨디션도 전혀 문제가 없어 보인다.

수두는 어떤 놈일까?

답답해 자료를 들춰봤다. 수두는 누구에게나 전염될 수 있단다. 하지만 호발(好發) 나이는 5~9세로서 늦가을과 초봄에 주로 발생한다고 했다. 전염성이 강해서 환자와 접촉하면 영락없이 감염된다며 주의를 환기하고 있었다. 한편 수두는 2~3주간의 잠복기를 거치면 미열, 두통, 근육통이 유발되며 피부에 발진이 생겼다가 물집으로 변한 뒤에는 가피(痂皮 : 딱지)로 변해 떨어진다는 설명이다. 그러고 보면 손주의 경우는 몇 주일 전에 유치원 친구 누군가에게서 전염되었지 싶다. 왜냐하면, 유치원 이외에는 외출을 했다거나 또래의 아이들과 접촉한 적이 전혀 없기 때문이다.

책을 완독하는 기적

첫 경험처럼 중요한 게 또 있을까?

유진이가 태어나 처음으로 책 한 권을 완전하게 읽은 기념비적인 날이다(2013년 7월 25일). 입때까지는 기껏해야 페이지마다 왕방울만 한 글자 몇 개가 들어 있는 유아용이나 극히 짧은 단편동화를 띄엄띄엄 가뭄에 콩 나듯이 읽었을 따름이었다. 그런데 오늘은 가히 천지개벽에 버금갈 정도의 독서를 마친 것이다.

아마도 지난 오월의 초입 무렵이었을 게다. G 학습 선생님이 책을 한 권 건네주며 처음부터 차근차근 읽도록 지도해보라고 했다. 그러면서 어물어물 넘기거나 건너뛰면 효과가 반감하기 때문에 기왕이면 철두철미하게 읽도록 지도하라는 조언을 했다.

철두철미한 점검을 전제로 부과된 읽기 과제

책은 75개의 짧은 동화가 수록된 내용으로 총 180페이지로 아이들에게는 벅찬 분량이었다. 책을 읽어 나가는 과정에서 몇 페이지를 읽은 뒤엔 반드시 부모가 확인 서명을 하거나 격려 스티커를 붙여주도록 안내했다. 그런데 책의 모든 내용을 다섯 번 되풀이해서 읽도록 규정하고 있었다. 그리고 매번 읽은 뒤에도 확인 서명을 하거나 스티커를 붙여야 했다. 그러므로 책을 읽을 때 늘 옆에서 지켜봐야 하는 까다롭고 성가신 과제였다.

매일 조금씩 읽혔으나 처음엔 미숙해 맹꽁징꽁 갈팡질팡 헤매며 읽는 꼴이 중구난방이었다. 그럴 때면 내가 읽는 시범을 보인다거나 어려운 개념이나 단어가 나오면 중단시키고 설명을 해주는 식으로 보완했다. 어느 정도 시간이 지나면서 문리를 터득했는지 정상적인 궤도를 따라 순항을 거듭했다. 이것이 바로 교육의 힘이지 싶은 생각이 들었다. 그러면서 독서를 생활 일부로 여겼던지 내가 외출해 집을 비워도 정해진 일정량을 빠짐없이 읽음으로써 감동하게 만들기도 했다.

⧉ 첫술에 배부르랴

아직은 어려운 단어나 한자를 바탕으로 낱말로 표현한 구절을 이해하지 못하는 경우가 종종 발생해 허둥대기도 한다. 게다가 동화책에 아이들 수준에 부적합한 낱말이나 어휘가 숱한 현실을 지켜보며 우리 동화의 현주소를 돌아보게 했다. 그런데도 포기하지 않고 정확하게 지시대로 규칙을 준수하며 읽었다. 따라서 모두 9백여 페이지(183 × 5 = 915페이지)를 거뜬하게 소화한 셈이다.

첫술에 배부를 리 없음은 당은 당연한 이치가 아니던가! 입때까지 셀 수 없을 정도로 많은 동화책을 읽어달라며 무조건 어른들에게 의지하려 들기 일쑤였다. 어른들이 그 옛날 조선 시대 책을 전문으로 읽어 주던 전기수(傳奇叟)도 아닌데 말이다. 어찌 되었든 천방지축 어린것이 홀로서기를 시작한 기념비적인 전기가 이번 읽기 과제가 아니던가? 아직은 한글을 완벽하게 깨우치거나 터득하지 못해 다소 헤맬 소지가 다분해도 크게 기뻐하고 축하해야 할 사건이 분명하다.

지난해 처음으로 한글을 익히기 시작했던 사실을 생각하면 장족의 발전을 거듭해 일취월장한 결실이 아닐 수 없다. 이런 맥락에서 유진이의 생애 최초로 책 한 권을 완벽하게 독파한 사실을 각별한 의미를 부여하면서 나름대로 옆에서 도왔던 시간이 헛되지 않았다는 자긍심에 뿌듯하기 그지없다.

봄맞이 쑥 뜯기

봄에 취해 이리 쿵 저리 쿵

참으로 신기한 일이다. 아장아장 걷기 시작하던 시절부터 유진이를 데리고 공원을 비롯해 산야로 뻔질나게 다녔었다. 그동안 추운 겨울을 제외하고 이른 봄부터 늦가을까지 헤아릴 수 없을 정도로 나들이를 되풀이했었다. 그런데도 이전까지는 함께 봄나물을 캐거나 뜯었던 적이 없다. 왜 그렇게 되었는지 아무리 되짚어 봐도 그 까닭을 알 수 없다.

이제 막 일곱 살에 접어든 유진이가 계사년(癸巳年) 춘삼월 그믐날 마산과 인접한 함안의 들판 외돌아진 길옆에서 쑥을 뜯었다. 난생처음으로 체험하는 봄나물 뜯기였다. 따스한 기온과 해맑은 햇볕으로 겨울 점퍼가 부담스러운지 풀어헤치고 쑥을 뜯는 재미에 푹 빠진 모습이 무척 평화스러웠다. 아마도 쑥을 뜯는 그 자체의 즐거움보다 모처럼 만끽하는 교외의 봄기운에 크게 취했음이리라.

천방지축의 들녘 체험

봄기운과 분위기에 흥이 절로 났나 보다. 입이 귀에 걸려 웃음이 헤퍼지면서 생애 최고의 날이라는 언사를 연거푸 쏟아냈다. 그러면서 파릇파릇한 돋아난 풀밭을 이리저리 뛰어다니는 모습을 지켜보며 나도 덩달아 흐뭇했다.

얼추 반 시간 남짓 쑥과 숨바꼭질을 하면서 탐스럽게 솟아난 쑥을 뜯었다. 나와 아내는 시종일관 조용조용 조신하게 움직이며 가능한 새로 돋아난 풀을 함부로 밟지 않았다. 하지만 유진이는 고삐 풀린 망아지처럼 온 풀밭을 뛰고 또 뛰었다. 쑥을 뜯어 팔아서 가용에 보탤 작정이 아닌 관계로 국을 끓여 두세 번 먹을 양이면 족했다. 그런 때문에 우리 내외는 쑥 뜯는 작업에서 자유로워진 상태로 풀밭에 편히 앉아 봄볕을 즐겼다. 하지만 유진이는 첫 경험의 흥분 때문인지 연신 큰소리로 마구 떠들어 댔다.

"쑥을 발견했다."

"쑥을 뜯었다."

"쑥이 많으니 이리 와!"

그래도 쑥 뜯는 일에 손을 털고 난 어른들의 반응이 신통치 않자 떨떠름한 채 불평을 마구 쏟아 냈다. 쑥이 이렇게 많은데 도대체 할아버지와 할머니는 무엇을 하느냐고 말이다. 아마도 처음 경험하는 쑥 뜯기 때문이었을 게다. 쑥을 줄기째 뜯어야 하는 데 잎줄기 하나하나 쥐어뜯어 놨다. 그래서 상품성이 전혀 없는 쓰레기 모양인데도 자기가 제일 잘했다고 박박 우기기도 했다.

묵은 겨울 때를 씻어내는 의식이었을까!

왜 그다지도 쑥 뜯는 게 신이 났을까? 사방이 닫힌 아파트라는 공간에 겨우내 갇혀 지내다가 모처럼 화사한 봄의 향연에 자기도 모르게 크게 취한 때문이었을까! 아니면 새로운 체험이 그렇게 신나게 하였을까! 그 연유를 시시콜콜 가름해 봐야 할 이유가 없다. 다만 파릇파릇 새싹이 돋아난 들판에서 쑥을 뜯었다는 생경한 체험은 신선한 충격으로 오래 기억될 게 틀림없다. 이런 연유에서 비슷한 체험을 가능한 자주 시킴으로써 자연스럽게 자연에 다가가서 배울 계기를 만듦은 오직 어른의 몫이 틀림없다.

손발이 시려요

잠자리는 유리 벽을 허무는 대화의 광장

유진이가 유치원에 다니기 시작하면서 매일 잠자리에 함께 든다. 그 이유는 혼자서 외롭거나 적적할지도 모른다는 노파심에서 그리한다. 젊은 시절에 사용하던 침대를 나이가 들면서 모두 폐기했다. 왜냐하면, 허리를 생각해 맨바닥에 요를 펴고 이불을 덮고 자는 쪽을 선택했기 때문이다. 그래서 유진이도 그런 방식을 따르고 있다. 하지만 4학년이 되면 제방에 침대를 들여놓고 따로 재울 작정이다.

함께 나란히 누워도 곧바로 잠드는 경우는 극히 드물다. 대개는 누워 상당한 시간 동안 이런저런 얘기를 도란도란 주고받게 마련이다. 잠자리에 들어 나누는 얘기가 생각보다 솔직 담백하고 때로는 진지하다. 하루 동안 겪은 일에 대해서 묻거나 확인하고픈 내용에 관심을 보이면 때로는 자기의 생각을 곧이곧대로 쏟아내 숨겨진 속내를 드러낸다. 그 과정에서 나름대로 억울하거나 아쉬워 방방 뛸 때는 적당히 추임새를 넣으며 기분을 풀어주거나 한편이 되어 고민하는 모습에 동참하기도 한다. 그렇게 함으로써 보이지 않던 괴리나 간극을 좁히며 믿음과 확신을 시켜주려고 나름대로 애를 쓴다.

생각보다는 이 방법이 조손 사이의 버긋한 틈새를 메꾸는 데 효과적일 뿐 아니라 아이도 이런 시간의 대화를 상당히 즐긴다. 그렇게 대화를 나누다 보면 자연스럽고 편안한 마음으로 꿈나라 구름다리를 건너는 평화로운 모습을 보인다.

마음의 허허로움 때문일까?

늦가을부터 이른 봄까지는 실내에서 양말을 벗고 생활하기 때문에 잠자리에 들면 손발이 쌀랑해지기 마련이다. 그러면 유진이가 하는 말이나 행동은 거의 흡사하다.

"할아버지!"

"응"

"나, 지금 손과 발이 무척 시려요!"

"그래"

"그럼 어떻게 해줄까?"

"할아버지! 잘 알면서"

"그럼, 이리 온!"

이라고 말하면서 양팔을 뻗는다. 어린 새끼가 어미 품을 파고들듯이 제 이불을 빠져나와 내 품으로 파고든다. 그러면서 언제나 두 손은 내 겨드랑이에 넣고, 두 발은 내 양다리의 허벅지 쪽으로 디밀고 헤헤거리며 주워섬기는 말은 이런 내용이다.

"할아버지는 참으로 따뜻한 인간 난로야!"

라는 투의 아부성 발언을 서슴지 않는다.

🀆 그렇게 위로해 줄 수 있어 행복한 할배

그렇게 얼추 일다경(一茶頃)이 지나면 이제 따뜻해졌다며 고맙다고 코맹맹이 소리로 아래와 같은 유형의 말을 덧붙이기 일쑤이다.

"할아버지는 참 따뜻해! 나도 그렇게 될 수 있을까?"

"암, 나보다도 더 따뜻할 거야!"

"왜?"

"너는 나보다 마음이 따뜻하고 곱기 때문이지."

"그렇게 되면 좋겠다."

"그래서 뭐하려고?"

"나도 나중에 내 손자를 할아버지처럼 해주려고."

유진이 얘기를 듣고 어이가 없어 어두운 천장을 바라보며 싱긋 웃음을 짓는다. 함께 잠자리에 들었을 때 내게 행하는 특이한 행동은 허허로운 마음을 달래며 벌충하는 방법이리라. 어쩌면 적당히 멀리하고픈 마음이 앞설 할아버지 품을 한사코 파고드는 손주가 귀엽고 기특하며 가상하다.

꿈꾸는 싱그러운 오월에

언필칭 어린이날 서비스

어린이날 유진이와 특별히 여행을 떠났던 경험이 없다. 집에서 적당히 선물을 사주고 원하는 음식을 챙겼던 게 전부였다. 이런 이유에서 초등학교에 입학하기 전에 당일치기일지라도 여행을 하고 싶었다. 이리저리 재고 따지다가 결국 계사년(癸巳年)의 어린이날 하루 전에 통영의 산양면 일주도로(1021번 지방도로)를 한 바퀴 돌며 빼어난 비경과 아름다운 바다와 크고 작은 섬을 물리도록 구경하고 돌아왔다.

오전 11시 무렵에 집을 나서 얼추 한 시간쯤 지나 통영도남관광단지 끝머리쯤에 자리했던 옛 충무관광호텔 부근의 산양면 일주 도로에 도착했다. 이곳에서 산양면을 일주하면 첫째로 섬을 돌면서 왼쪽으로 바다를 끼고 차가 달리기 때문에 차창으로 스쳐 지나는 바다를 구경하기 제격이다. 둘째로 구불구불 오르내리는 낯선 도로에서 낭떠러지를 피해 안쪽 차선으로 주행할 수 있다는 강점이 있다.

⧉ 신이 빚은 비경에 경악

일주도로는 시종일관 쉬 만나기 어려운 비경의 연속이다. 하지만 그중에서도 척포(미남리)의 바닷가 풍광이 빼어난 언덕에 터 잡은 통영수산과학관 언저리에서 내려다보는 비경은 어린 유진이에게도 무척 인상 깊었던 모양이다. 몇 번 되풀이해 신기하다는 말을 하면서 한동안 눈을 떼지 못하고 미동도 하지 않았다. 지금까지 마산 주위의 바닷가 여러 곳을 둘러본 적이 있어도 이처럼 관심을 가지고 몰입했던 적이 없었다.

통영수사산과학관을 둘러보고 해안도로를 몇 구비 돌아서 달아공원에 이르렀다. 이곳의 관해정(觀海亭)은 통영에서 일출과 일몰이 가장 아름다운 곳으로 유명하다. 어린 유진이도 눈 아래 펼쳐진 바다와 크고 작은 섬 모양이 맘에 드는지 바다 쪽을 바라보면서 두서없이 중구난방의 질문이 그치지 않았다. 그리고 주차장 모서리에 좁다란 광장에 유료 투호(投壺) 놀이장이 있었다. 이런 옛 전통놀이 경험도 필요하지 싶어 투호놀이를 시켰다. 무척 재미있어했으며 유익했지 싶었다.

⧉ 옥에 티, 천려일실

소위 어린이날을 맞아 유진이를 위한답시고 나선 길이었다. 하지만 세심한 준비가 부족했다. 간식거리로 동네 빵집에서 몇 종의 빵과 음료수는 준비했어도 점심은 사 먹을 요량으로 빈손으로 떠났다. 해안도로를 돌면서 찾은 음식점은 한결같이 횟집이나 해물 전문점으로 입이 짧은 유진이가 눈길도 주지 않는 메뉴뿐이었다.

어쩌면 이는 어른의 마음이고 어린 유진이는 자기가 선호하는 빵을 먹음으로써 충분한 점심이 되었을 게다. 하지만 편치 않았다. 아무리 궁리를 해봐도 이런 경우 천려일실이라는 말밖에 달리 둘러댈 변명의 여지가 궁색했다. 분명 조부모인 우리가 깊이 뉘우치고 반성문을 써야 마땅하리라.

통영 시내가 온통 거대한 주차장

충무김밥이라도 먹일 요량으로 통영 시내로 들어와 달동네인 동피랑벽화마을(dongpirang wall painting village) 아래의 바닷가 거북선이 정박되어 있는 언저리에 자리한 '원조충무김밥'집을 찾아 나섰었다. 그런데 끝없이 정체된 관광버스 행렬에 경악하여 슬며시 꼬리를 내리며 꽁무니를 빼고 골목길로 길머리를 틀어 어렵사리 교통지옥을 벗어났다. 그렇게 허둥대며 서둘러 집으로 돌아오다가 마산 변두리에 이르러 저녁 새참 같은 점심을 해결할 수 있었다.

주인공은 뭘 느낀 나들이였을까?

유진이를 위한 여행이라고 이름 지었다. 하지만 정작 당사자는 오가는 동안 차 속에서 잠에 곯아떨어졌었다. 게다가 뒤늦은 점심마저도 빵을 먹어 배부르다며 손도 대지 않고 굶었다. 진정 유진이를 위한 나들이였다고 해도 교육적인 측면에서 얼마나 효과가 있었을까? 내 능력으로는 일목요연하게 손익계산이 불가능함은 물론이고 단순한 득과 실의 덧셈과 뺄셈도 막막하다.

마음이 아프다는데 청맹과니는

네 마음이 아프면, 내 마음도 아프다

일곱 살배기가 '마음이 아프다'라는 말을 자주한다. 그 원인을 캐볼 요량에서 내 딴에는 백방으로 노력해도 이 분야에 대해 숙맥인 까닭에 해법을 찾을 수 없어 답답할 뿐이다. 가끔 의사들이 원인을 알 수 없는 열이 발생하면 불명열(不明熱)이라고 한다. 유진이가 '마음이 아프다'는 말을 나는 그런 식으로 가름할밖에 도리가 없다.

기상천외한 발상에 할 말을 잃고

어제(2013년 12월 1일) 초저녁에 함께 놀자는 제안을 통째로 무시하고 컴퓨터 작업을 하다가 거실로 나가 텔레비전을 시청했다. 얼마쯤 지났을까! 도둑고양이처럼 슬그머니 내 품 안으로 파고들며 '마음이 아프다'며 울먹였다. 놀라 보듬어 안고서 다독이는데 한 마디 툭 던졌다.

"할아버지!"

"나, 말이야! 병원에 가야겠어."

"왜?"

"내 마음을 꺼내서 아픈 곳을 잘라내려고."

어이가 없어 무어라 할 말이 궁색해 더듬거렸다. 어떻게 그런 기상천외한 발상을 했을까?

'마음의 아픈 부위를 꺼내 메스로 도려낸다'는 아이디어 말이다. 이런저런 경우의 예를 끌어대며 불가함을 누누이 강조했다. 그랬더니 내 손을 제 가슴에 가져다 댔다.

"할아버지!"

"내 가슴이 콩닥콩닥 뛰지?"

"누구나 가슴은 뛰는데!"

"나도 알아!"

"지금, 내 가슴은 빨리 달렸을 때처럼 쿵쾅쿵쾅 뛰잖아!"

그러고 보니 정상이 아닌 것처럼 느껴지기도 했다. 우선 꼭 보듬어 안고 달랬다. 그리고 나름대로 그 원인을 알아볼 요량에서 다양한 시도를 했어도 실패했다.

⧉ 잠자리에서 숨죽여 훌쩍이는 안쓰러움

그렇게 끌탕을 치다가 시간이 지나면서 안정을 되찾는 것 같았다. 평소 잠자리에 들 시간을 넘겨 서둘러 함께 잠자리에 들었다. 바로 옆에 누웠지만 착잡한 심정에 생각에 잠겼다가 옆자리의 유진이 기색이 이상해 살폈더니 소리를 속으로 삼키며 훌쩍거리고 있었다. 손을 꼭 잡고 물었다.

"왜! 그러니?"

'마음이 아파서!'

"왜! 아픈데."

"왜! 아픈지 나도 몰라!"

어쩔 도리가 없어 조용히 잠들면 모두 좋아질 것이라고 이르며 등을 토닥여 주었다. 얼마나 지났을까? 아이는 잠들어 새근새근 평화로운 숨을 쉬고 있었다. 하지만 아이의 마음이 아파도 그 원인도 파악할 수 없어 전전긍긍하는 나를 과연 어른이라고 할 수 있을까! 밤이 깊어질수록 정신이 말똥말똥해져 궁싯거리다가 여명이 밝아올 지경에 이르러 겨우 눈을 붙일 수 있었다.

동물원 타령

⧉ 억지 춘향의 오월동주

태어난 지 네 돌 반 정도인 유진이가 입에 달고 사는 내용 중의 하나가 동물원 구경이었다. 주위에 마땅한 동물원이 없어 고민을 거듭하던 중에 음력으로 시월 첫 번째 일요일에 문중의 시제(時祭)로 선산을 찾아가는 길에 대전(大田)의 오월드(o! world) 내에 있는 동물원을 구경시켜 주기로 작정했다. 시제 하루 전날(2011년 10월 29일) 새벽부터 서둘러 마산에서 출발하여 대전에 자리한 동물원을 찾았다.

제 할머니와 나는 남녘과 달리 짙게 물들어 만산홍엽을 자랑하는 가을 정취에 눈을 파는 해찰을 거듭하면서 녀석의 꽁무니를 졸졸 따라다니며 오월동주 하는 꼴이었다. 하지만 녀석은 신이 나서 어쩔 줄 모르는 눈치였다.

⧉ 큰 동물에 압도당한 동심

동물원 초입에서 오른편의 된비알은 아니라도 제법 가파른 비탈 쪽으로 길머리를 틀면서 물개, 고래, 곰, 호랑이를 위시해서 우리에 방사된 동물을 마주하다 자기가 잘 안다고 생각하는 짐승을 발견하면 주저리주저리 무언가를 주워섬기며 우쭐댔다.

각종 파충류가 전시된 우리에서는 뱀이나 거북에 거침없이 다가가 만지려는 시늉을 해 간담을 서늘하게 했다. 그리고 새 우리에서는 조류학자라도 되는 것처럼 똑소리 나게 설명을 해대거나 텔레비전에서 들었던 내용을 주절거려 신통방통했다. 맹금류인 독수리, 부엉이, 수리부엉이, 황조롱이, 새매 등의 날카로운 눈매와 발톱이 신기한 듯 발길을 멈추고 뚫어져라 응시하는 모습 또한 가관이었다.

아마도 녀석의 기분을 고조시킨 체험 중의 하나는 자동판매기에서 먹이를 사서 양과 염소에게 주던 놀이 일듯하다. 자동판매기에서 딱딱하게 건조된 짧은 막대 모양의 먹이를 사서 방목장에 놔먹이는 양이나 염소에게 주는 체험으로 무척 신기해했다.

⧉ 동물들과 끝없는 대면

쌍봉낙타와 단봉낙타에 대해서 둘의 차이를 존조리 설명했건만 콧방귀도 뀌지 않았으며 야생말과 야크와 캥거루에 눈이 팔려 내 설명은 귓등으로 흘렸다. 열대 조류 막사에 이르러서는 각종 앵무새나 열대지방이 원산지인 새가 무리를 이루어 제법 흥미로운 볼거리인데도 시큰둥한 표정이 또렷했다.

그런데 한쪽에 만들어 둔 물웅덩이에 노닐던 닥터피시(doctor fish)를 발견하고 거리낌 없이 물에 손을 풍덩 담갔다. 기다렸다는 듯이 녀석의 손에 달라붙어 무언가를 열심히 쪼아 먹는 게 신기해서 희죽 거리며 다른 곳으로 옮겨 가자고 채근을 해도 막무가내로 뻗댔다. 각종 원숭이나 스컹크와 너구리를 비롯해 크고 작은 동물들은 성에 차지 않는 듯 꼴같잖게 잡동사니처럼 허접스럽게 취급하며 대충 훑고 스쳐 지나가는 기색이 완연했다.

🀆 압권이며 백미는 사파리

동물원 구경에서 백미이자 압권은 아무래도 호랑이 모습이 그려진 멋진 버스를 타고 맹수 우리를 한 바퀴 도는 사파리(safari)였다. 대략 20분 남짓한 시간에 맹수를 눈앞에서 관찰할 수 있었다. 첫째 구역은 곰, 둘째 구역은 호랑이, 셋째 구역은 사자, 그 뒤에 이어지는 동물은 기린, 코끼리, 얼룩말, 라마 따위의 무리가 차례로 위용을 자랑했다. 그들은 의기양양한 자태로 자신들의 모습을 뽐내면서 관람객의 기분을 한껏 고조시키며 너끈하게 이름값을 해냈다.

노루꼬리를 닮은 듯이 짧아진 가을 해가 서산을 넘고 땅거미가 드리워질 무렵까지 동물원을 뱅글뱅글 돌았다. 그래도 아쉬운지 동물원을 떠나려 하지 않았다. 어르고 달래며 간신히 정문을 빠져나왔다. 유진이 청을 들어주기 위해 나와 아내가 하루를 통째로 봉사했다. 하지만 과연 그만큼 아이에게 유익한 경험이었을까?

⊡ 개구쟁이 단골 시향 꾼

씨족의 갈래를 따지는 뿌리에 대해 아무것도 모르는 유진이가 2010년부터 매년 문중의 시향에 참석하고 있다. 여러 번 봐도 궁금증이 남았는지 오늘도 시향제단을 신기해 두리번거렸다. 그것도 잠시 낯익은 한 살 위의 사종형(四從兄 : 10촌)과 금세 죽이 맞았다. 둘은 어딘가에서 다 쓰고 난 비닐 비료 포대를 구해 와서 깔고 앉아 제단의 경사면에 잘 가꿔진 비단길 같은 잔디 위에서 잔디 썰매 타기 삼매경에 빠졌다.

멀찍이서 훔쳐보니 낯선 형이 일러주면 쭈뼛쭈뼛 따라서 놀이의 비법을 익히는 눈치였다. 그런데 어느 결에 가르쳐 주던 형이 미처 생각해 내지 못했던 기술적인 행동까지 유진이가 순식간에 깨우쳐 스스로 응용하는 민첩성을 발휘하여 자연스럽게 청출어람이라는 말이 떠오르게 만들었다.

⊡ 어른들과 아이들이 누리는 다른 행성의 문화?

제수(祭需) 진설에 공을 들이는 어른들의 모습과 극명하게 대비되어 서로 다른 세상이 사이좋게 공존하는 모양새였다. 녀석은 어른들과 달리 오늘 참석한 자리가 어떤 의미가 있는가? 아울러 자기가 왜 이 자리에 왔는지 모른 채 자기감정에 충실하여 놀이에 푹 빠졌을 뿐이었다. 그래서 제(祭)를 모시는 원초적인 목적은 애당초부터 티끌만큼도 없었다. 그런 아이가 흥겨워 노니는데 누가 쓰잘머리 없이 '감 놔라, 대추 놔라'라는 식의 참견이 가능할 손가.

세속적인 뿌리도 알 리 없고 족보의 항렬에 따라 지은 이름도 없는 코흘리개이다. 그러니 봄날처럼 따스한 날씨에 해마다 조상 시제 날이면 어김없이 대면하는 형과 생전 처음으로 잔디 썰매 타기를 하는 현재가 최상이고 전부일 따름일 터이다. 이런 아이에게 그 누구도 왈짜처럼 행동한다고 타박할 계제가 못 되었다.

⧉ 자의와 무관한 시제 참석

따지고 보면 조부모와 함께 산다는 이유에서 억지춘향이 되어 문중의 벌초나 시향에 단골인 어린이가 되었음을 어떻게 자리매김해야 할까? 아직도 응석받이 주제인데 매년 한 번 맞이하는 문중벌초 행사와 시향에 여러 해째 참여했다. 어른들이 멀리 장거리 출타를 하면 동행할 수밖에 선택의 여지가 없어 울며 겨자 먹기 격으로 참석할 따름이다. 그래도 먼 훗날 이런 행사에 참석했던 어렴풋한 경험을 회억(回憶)한다면 흐뭇한 추억이 될 것으로 여겨져 의미 없는 나들이가 아니었다고 애써 자위하고 싶었다.

⧉ 누구의 제사를 모셨나요?

집으로 돌아오는 고속도로의 차 속에서 뜬금없이 녀석의 질문이 불쑥 튀어나왔다. 전혀 예상치 못한 내용이었다.

"할아버지! 그런데 오늘 산에서 누구 제사를 지낸 거야?"

"응! 그거!"

라고 말을 받았지만, 어찌 설명을 해야 좋을지 순간적으로 혼란에 빠졌다가 겨우 정신을 가다듬었다. 물음에 대한 답변으로 입에서 튀어나온 말이 민망하게도 아이가 이해하기 힘든 어정쩡하고 두루뭉술하며 대충 설렁설렁 넘기려는 어리석음을 보였다.

"우리를 있게 해주신 조상들께 지낸 거야."

제발 내 의도대로 이해했으면 좋으련만 어설픈 대답이 혼란을 부추기는 선문답이 아니었을까 더럭 걱정이 앞섰다. 긴가민가해서 도대체 '무슨 말이야!'하는 시큰둥하고 떨떠름한 표정인데도 더 되묻지 않아 다행이었다. 그 대신 뚱딴지같이 또 다른 엉뚱한 질문이 비수처럼 날아들었다. "그런데 말이야! 그 할아버지 할머니들이 유진이가 절한 것 알아?"

"그럴 거야, 아주 잘 알고 매우 고마워할 거야!"

얼떨결에 위기를 모면할 요량으로 입에서 나오는 대로 얼렁뚱땅 주워섬겨 놓고는 거짓이 아닌지 확신할 수 없어 갑자기 머리가 띵해졌다. 분명 요즘 아이들이 경험하기 쉽지 않은 시향의 참석이었다. 그런데 과연 유진이 뇌리에는 어떤 의미로 새겨졌었을지 무척 궁금하다.

Ⅴ. 배움의 세계와 상견

학교야 꿈을 꾸련다

◫ 배움의 길에 첫발 그리고 푸른 날갯짓

초등학교라면 먼저 떠오르며 지울 수 없는 씁쓸한 추억이 하나 있다. 나는 1학년을 세 해 다니고 2학년에 진급한 숨겨진 이력이 있다. 6·25전쟁 때문에 발생한 코미디 같은 진실이다. 이처럼 웃지 못할 추억으로 채색된 나에 비해 요즘 아이들에겐 학교가 어떤 모습으로 맘속에 새겨졌을까? 손주 유진이가 초등학교에 입학하던 날 순간적으로 예순 몇 해 전 내가 겪었던 경험을 떠올렸다.

갑오년 삼월 첫 월요일(3일) 유진이가 초등학교(마산 신월초등학교)에 입학하여 새로운 세상을 향해 꿈과 희망의 나래를 활짝 펼치고 비상을 시작했다. 태어나 가정이라는 둥지를 세상의 전부로 여겼던 아이가 가없이 넓고 드높은 미지의 세상에 대하여 학교라는 배움터를 통해 깨우치고 지식을 쌓으며 어엿한 인격체로 성장해 나갈 것이다.

◫ 푸른 꿈의 배움터

꿈의 동산인 학교의 너른 품에 안겨 친구를 사귀고 살아가는 데 필요한 지식이나 도리를 배워 깨우치면서 하늘의 이치나 자연의 섭리를 터득하는 과정에서 상생과 공존의 지혜를 쌓게 될 것이다. 아직은 세상사에 익숙하지 못해 좌충우돌하며 불협화음을 보일지라도 무궁무진한 가능성을 지닌 원석 같은 어린 천사들이다. 이들은 학교라는 배움터에서 담금질을 통해 바르고 슬기롭게 거듭 태어나 저마다의 아우라가 뚜렷한 틀거지의 우람한 동량으로 무럭무럭 성장해 나가리라.

⧉ 미지의 세상에 대한 설렘과 두려움

미지의 세상에 대한 설렘과 막연한 두려움은 어린아이에게 어쩔 수 없이 밀려오는가 보다. 유치원과 판이한 학교 환경에 대한 불안감을 말끔히 없애 줄 필요가 있어 보였다. 그래서 입학하기 전에 몇 차례 입학할 학교에 데리고 가서 운동장, 강당, 복도와 교실 따위를 구경시키면서 나름대로 설명을 했다. 전혀 무관심한 상태로 마지못해 따라 다니는 척하면서도 이따금 궁금한 문제를 에둘러 물었다. 이는 나름대로 불안이나 의문을 해소하려는 속내를 드러내는 행동으로 보였다.

⧉ 입학 채비를 하며

자질구레한 준비물로 얼렁뚱땅 눙치며 설렁설렁 넘어갈 일이 아니었다. 가방과 보조가방을 필두로 책상과 책장, 종류별로 갖춰야 할 공책과 알림장, 필통, 연필과 색연필, 지우개, 크레파스 따위의 학용품도 문방구 아주머니 도움을 받지 않으면 제대로 갖추기 만만치 않은 난제였다. 이들 중에 일부는 유치원 다닐 때 친구들에게 선물 받았던 것으로 벌충했다. 입학 준비의 마지막은 입학 전날 제 할머니와 백화점에 가서 운동화 두 켤레와 실내화 한 켤레를 장만하는 것으로 대미를 장식했다.

입학 며칠 전 학교 홈페이지에 접속해 몇 가지를 샅샅이 살펴봤다. 거기엔 1학년 반 배치표, 담임 배정표, 교실 배치도가 게시되어 있었다. 이를 통해 유진이는 1학년 2반 16번이고, 담임선생님 성함은 김지민, 교실 위치는 후관 1층 중간 부분에 자리하고 있음을 단박에 알 수 있었다. 이뿐만이 아니었다. 전달사항이나 숙제를 담임선생님이 매일 알리는가 하면 방과후 학습이나 돌봄 교실, 일반 고지사항 등을 알려주는 시스템이 구축되어 문자 그대로 인터넷·스마트폰 문화(wired culture)가 활짝 피어나고 있음을 실감했다.

⧉ 파랑새에 대한 바람

학교라는 꿈의 동산을 통해 날갯짓하며 비상하려는 손주에게 갈망한다. 기왕이면 더 높고 넓은 무한정한 푸른 세상을 향해 당당히 힘차게 도약하여 빈틈없이 아주 여무진 모도리인 동시에 드높은 이상을 지닌 꿈돌이로 성장해 달라는 당부하고 싶다. 또한, 물이 높은 곳에서 낮은 곳으로 흐르는 순리를 부정하거나 거역하지 않는 슬기로운 사람이 되었으면 좋겠다.

줄탁동시의 철학을 깨우치면 얼마나 좋을까!

배움에 대한 참된 가르침의 바탕

갓 초등학교에 입학한 손주가 낯선 환경 때문에 심적 갈등을 겪으며 적응하는 데 다소 삐거덕거리며 불협화음이 발생하는 모양이다. 입학한 지 두 주째의 월요일부터 감기와 고열로 끌탕을 치며 허둥대는 모습에서 오는 느낌이다. 하지만 이제부터 자신이 맞닥뜨리는 모든 문제는 스스로 해결해야 함을 언제쯤이면 이해할 수 있을까! 이런 이치를 터득하고 깨우칠 순간이 가능한 앞당겨지길 바라는 간절한 마음에서 줄탁동시(啐啄同時) 철학의 참뜻을 들려주고 싶다.

원래 줄탁은 중국의 송나라 때 선불교의 선문답서인 벽암록(碧巖錄) 제16칙에 나온다. 최초에는 줄탁동기(啐啄同機)라는 사자성어로 사용되었었다. 그런데 송나라 임제종(林濟宗)이 공안집(公案集(話頭集))인 벽암록에 공안(화두)으로 수록하면서 불가의 중요한 화두로 자리 잡았다. 이를 줄여 줄탁이라고도 했다.

진정한 줄탁동시 철학의 의미

어미 닭이 품었던 부화란(孵化卵) 속에 들어 있는 병아리는 일정한 시간 내에 달걀껍데기를 깨고 밖으로 나와야 질식하지 않고 새 생명을 얻을 수 있다는 얘기이다. 이런 이치를 함축하는 말이 줄탁동시이다. 부화된 알 속에 있던 병아리가 바깥세상으로 나오기 위해서 연약한 부리로 온 힘을 다해 껍질을 쪼아대는 행위가 줄(啐 : 쪼을 줄)이다. 이때 밖에 있던 어미 닭이 병아리가 쪼아대는 소리를 듣고 달걀껍데기를 쪼아 깨뜨리는 것을 도우며 격려하는 행위를 탁(啄 : 쪼을 탁)이라고 한다.

줄과 탁이 이루어지는 찰나에 아귀를 맞춰야 할 절체절명의 원칙이 있다. 새 생명인 병아리가 온전하게 탄생하려면 줄탁이 동시에 이루어져야 한다는 사실이다. 여기서 바로 인식해야 할 점은 어미 닭은 연신 태어날 병아리를 돕지만 도움의 수준에 머문다는 점이다. 그러므로 껍데기를 깨고 광명천지로 나오는 것은 병아리 자신의 의지와 노력이 낳은 결실의 보상이며 축복인 셈이다.

어떤 뜻을 담은 가치 선인가!

줄탁동시에서 병아리는 새로운 지식을 터득하고 깨우치며 점진적으로 전진하는 제자, 어미 닭을 새로운 지식이나 세상 이치와 법도에 따라 제자를 이끄는 스승을 뜻하는 의미로 쓰이기도 한다. 이런 맥락에서 다음과 같은 두 가지 교훈을 생각한다. 먼저 스승은 바른 가르침이나 깨우침의 동기를 제공할 뿐이고, 실제로 배우거나 세상 이치를 터득하는 몫은 제자의 아람치라는 뜻으로 통용된다. 다음은 부화된 병아리가 일정한 시간 내에 달걀껍데기를 깨고 밖으로 나오지 못하면 생명을 잃는다는 관점에서 배움이나 터득을 비롯하여 깨우침에도 때가 있으며, 실기를 하면 무용지물이라는 뜻으로 쓰이기도 한다.

학교에서 아무리 훌륭한 선생님의 가르침과 인도가 있더라도 그를 받아들여 자기 것으로 만듦은 완전히 수혜자인 학생의 몫이며 아람치이다. 이런 이유에서 끝없는 배움을 이어갈 유진이가 진정 줄탁동시의 참뜻을 온새미로 깨우치는 기쁨의 날이 가능한 빨래 도래했으면 좋으련만 과연 어떻게 될지 묵묵히 지켜볼 참이다.

엎어져 째진 상처의 의미

질주 본능은 사내아이들의 전유물

우리는 아이들에게 "하(해)라"는 말보다 "하지 말라"는 얘기를 훨씬 많이 한다. 하나의 예를 든다면 위험한 비탈길 같은 곳을 함부로 달리거나 자전거를 타고 내닫지 말라는 식의 얘기이다. 하지만 아무리 닦달을 해도 그런 얘기를 철두철미하게 지킬 아이는 거의 없다. 이런 까닭에서 아이들이 성장하면서 걷거나 자전거를 타다가 엎어져 살갗이 째지거나 근육이 파열되는 크고 작은 상처는 어쩌면 불가피한 성장통에 해당하지 않을까? 아마도 대부분 사람들이 경험했을 터이기에 하는 얘기이다.

게다가 사내아이들이란 점점 커가면서 더 빨리 더 멀리 그리고 더 높이 뛰고 내달리려는 본능에 휩쓸리게 마련이다. 따라서 위험성 여부와 관계없이 나대는 경우가 허다해서 더더욱 그럴 가능성이 크다. 몇 해 전 유진이가 자전거를 타고 비탈길을 쏜살같이 내닫다가 무릎을 심하게 다쳤던 일화의 요약이다.

무모한 질주가 남긴 훈장

유진이가 오른쪽 무릎을 심하게 다쳤다(2014년 6월 19일). 자전거를 타고 아스팔트가 포장된 제법 가파른 비탈길을 내닫다가 나동그라져 오른쪽 무릎뼈 부분에 두 군데나 피부가 모두 벗겨지고 근육이 찢어지는 심한 타박상을 입었다. 하루 전날 태권도장에서 밤색 띠로 승격했다고 한껏 기분이 고조되어 기고만장한 상태였었다. 호사다마이련가! 어슴푸레 어둠이 내리깔릴 무렵이었다. 이른 저녁 식사를 하려고 서둘 즈음 올망졸망한 친구 몇이 찾아왔다. 그들의 부추김에 자의 반 타의 반의 어정쩡한 상태에서 밖에 나가 그들과 무리 지어 자전거를 타고 아파트 주위를 신나게 맴돌며 희희낙락했다.

자전거를 타는 떨거지의 우두머리는 두세 살 위의 형이고, 그 뒤에 무리를 지어 따라 달리는 축은 유진이 또래의 조무래기들이었다. 자전거 타기 대충 한 시간쯤 지났을 무렵이었다. 저녁 시간이 너무 지연되어 밖에 나가 둘러봐도 어디로 사라졌는지 꽁무니 그림자도 눈에 들어오지 않았다.

얼마나 또 기다렸을까? 멀리에 유진이 모습이 어른거렸다. 잽싸게 손을 흔들어 내게로 오라는 수신호를 연신 날렸다. 녀석도 나를 발견하고 순순히 다가왔다. 그런데 풀이 죽은 모습에서 직감적으로 불길한 느낌이 왔다. 가까이 다가오기를 기다렸다가 무슨 일이 있느냐고 물었다. 머뭇거리며 난감한 순간을 애써 피하려는 행동과 어색한 표정이 역력했다. 눈물이 그렁그렁한 채 침통한 목소리로 겨우 입을 열었다.

"할아버지! 자전거 타다가 넘어져서 여기를 다쳤어요."

라고 말하며 바지를 걷어 올려 오른쪽 무릎을 보였다.

⧉ 스모킹 건 같은 증거에도 면피용 변명만

무릎뼈를 덮고 있는 피부 대부분이 홀렁 벗겨지고 속살은 섬뜩할 정도로 깊이 파이고 찢어져 피가 흐르는 끔찍한 꼴이 목불인견이었다. 그것도 두 군데나 되어 기가 막혔다. 대충 살피면서 뼈가 부러지지 않아 그나마 천만다행이라고 여겨졌다. 그렇다고 하더라도 피부와 근육의 손상이 심해 무릎이 꽤 많이 부어올라 무척 당황스러웠다. 스모킹 건(smoking gun) 같이 움직일 수 없는 상처가 엄연한데도 살짝 넘어졌다고 둘러댔다.

살살 구슬리며 캐물었더니 아파트 경내의 내리막 비탈길에서 무리를 따라 빠르게 달리다가 앞에 차가 달려와서 급브레이크를 잡았음에도 불구하고 나동그라져 넘어져 다쳤다는 얘기였다. 지청구를 하는 대신에 앞으로는 절대로 빨리 달리거나 브레이크를 잡지 않겠다는 다짐을 몇 번을 되풀이해 받았다. 가파른 비탈에서 그 정도로 작게 다친 것은 운이 좋은 셈이었다.

⧉ 응급조치로 대응하고

서둘러 집으로 데리고 들어와 포비딘(povidin)으로 소독을 마치고 급히 약국에서 메디폼(medifoam)을 사다가 붙였다. 그러고 나서 병원에 데리고 가려고 했더니 이미 병원을 문을 닫은 시간이었다. 그렇다고 종합병원 응급실을 찾아가 치료를 받는 것은 사치다 싶어 생각을 접었다. 급한 대로 약국에서 사서 붙인 것이 파스처럼 상처에 붙이는 새로운 치료약이었다.

무릎 부상으로 당장 목욕시키기는 일이 까다롭고, 나들이에 짧은 반바지를 입히는 것도 마땅치 않았다. 게다가 월·수·금요일에 수련하는 태권도 역시 불가능하다고 판단되어 잠정적으로 금족령을 내렸다. 한편 학교에서 줄넘기 테스트를 하는 것도 참여할 수 없게 되었다. 결국, 이 사고로 유진이의 남은 유월은 엉망진창으로 뒤틀어지고 꼬여버렸다.

⧉ 위험한 도전을 즐기는 야생마들

아직 2차 성징이 나타나려면 까마득한데도 불구하고 점점 사내의 모습을 드러내며 으르렁거리는가 하면 성격이 활달해지는 변화가 뚜렷하다. 같은 씽씽카나 자전거를 타더라도 여자아이들은 평지를 다람쥐 쳇바퀴 돌듯 조용히 자분자분 달리는 게 고작이다. 그에 비해 사내아이들은 또래의 악동들이 무리로 어울려 비탈진 오르막과 내리막을 무한 질주하며 쾌속을 한껏 즐기게 마련이다. 이따금 위태로운 상황으로 치닫는 꼴을 지켜보다가 위험수위를 넘나들 즈음에 참견을 해본다. 하지만 쇠귀에 경 읽기로 입만 아플 따름이다.

야생마같이 길들지 않은 순수한 영혼의 주인공인 아이들이 성장하는 과정에서 나타나는 본능적인 욕구를 무슨 수로 막을 것인가! 도도히 흐르는 강물이 높은 곳에서 낮은 곳으로 흐르는 게 자연의 섭리이기에 물머리를 함부로 돌려 역류를 꿈꾸거나 흐름을 억지로 막을 도리가 없는 것과 유사한 이치이다. 그런 연유로 아이가 성장 과정에서 통과의례처럼 겪게 마련일 자질구레한 탈이나 크고 작은 변고는 살짝살짝 비껴 가볍게 지나갔으면 하는 바람이다. 하지만 그게 어디 입맛대로 될 법한 일이던가?

큰코다칠 초등 새내기 교과

세월 따라 변모한 교육철학

예순 몇 해 전에 배웠던 초등학교 새내기 교과 내용이 머릿속에 박혀 있는 내게 지금의 그것은 기함할 정도로 달랐다. 인터넷 스마트폰 문화에 걸맞게 STEAM(Science(과학), Technology(기술), Engineering(공학), Art(예술), Mathematics(수학)) 교육이라고 하여 다양한 개념을 융합한 교육방법 우선 눈길을 끈다. 게다가 스토리텔링(Storytelling) 개념까지 도입해 눈이 휘둥그레질 지경이다.

새내기들이 학습하는 교과목은 크게 국어와 수학을 비롯해서 통합교과이다. 그에 따른 학습교재는 국어 과목에서 국어·국어활동, 수학과목에서 수학·수학익힘, 통합교과에서 봄·여름·가을·겨울·학교·가족·이웃·국가가 있다.

국어는 단순히 읽고 쓰면 되는 줄 알았는데

지난날 1학년 국어에서는 철수와 영희와 바둑이가 등장하여 기껏해야 초보적인 단어를 쓰거나 읽었던 게 전부였다. 그럼에도 불구하고 그마저도 제대로 따르지 못해 지청구를 들어가며 벌을

서기도 했다. 그런데 지금은 쉽지 않은 동시(童詩)를 비롯해 다양한 문장을 읽고 쓸 수 있어야 또래의 친구들과 어깨를 나란히 할 수 있지 싶어 깜짝 놀람과 함께 낯섦은 어쩔 수 없었다. 어쩌면 입학 전에 간단한 한글은 읽고 쓸 수 있다는 전제로 교과서를 만든 것은 아닐까?

특히 국어에서 사이시옷, 띄어쓰기, 느낌표나 물음표 따위의 문장부호까지 들먹이는 것을 보고 현기증이 날 것 같았다. 게다가 문장 띄어 읽기 부호 중에서 반점(,) 뒤에는 쐐기표(∨)를 해야 하고, 온점(.)이나 느낌표(!)와 물음표(?) 뒤에는 겹쐐기표(⩔)를 해야 하며, 어떤 글의 맨 마지막 문장 뒤에는 겹쐐기표를 붙이지 않아야 한다는 규정을 보면서 할 말을 잃었다.

만만치 않은 숫자 가르기와 모으기

수학 과목 역시 만만치 않았다. 특히 스토리텔링 개념이 적용된 때문에 단순한 숫자의 암기가 아니라 제시되는 문장의 이해와 읽기가 선행되어야 했다. 결국, 숫자를 더하고 빼는 능력 이전에 다양한 기초상식을 바탕으로 해서 접근하도록 유도하고 있었다. 따라서 어린이들이 숫자 모으기와 가르기 개념에서 서술되는 글을 이해한 다음에 문제를 풀고 답을 이야기할 때도 단순히 숫자만을 제시하지 않는 교육 방법이었다. 주어지는 문제는 종합적인 사고를 통해 푼 다음에 그 풀이과정을 차례대로 설명한 뒤에 정답을 말하도록 유도했다. 그 옛날엔 문제가 주어졌을 때 풀이 과정은 생략한 채 답을 구해 결과만 제시하면 만사형통이었는데 말이다.

통합교과는 복닥대는 한 지붕 네 가족 모양새

통합교과목에 대한 편감이다. 어린이들이 도시·농촌·산촌·어촌의 특징을 정확하게 꿰거나, 봄에 씨앗을 뿌리고 나무와 풀에 새싹이 돋아나며 꽃이 피는 자연의 이치를 이해하는 것은 상당히 어려울 것으로 여겨졌다. 또한, 비슷하게 생겨 어른들도 제대로 식별이 어려운 무씨와 나팔꽃 씨를 구별하는 것 같은 측면은 상당히 어려워 쩔쩔매지 싶었다. 그리고 각종 놀이방법이나 노래가 많이 등장했는데 전래동요라고 소개하고 있었다. 그들 동요 중에 어깨동무 역시 전래동요로서 자진모리장단이라는 얘기였다. 음악의 숙맥이기는 하지만 지금까지 들어본 기억이 도통 없는 동요로 무척 낯설고 찜찜했다.

학교 교기로 정한 프로젝트도 무시할 수 없어

이들 교과목 외에도 교기(校技)로 지정한 줄넘기나 독서를 권장하려고 규정한 독서인증급수를 획득도 만만치 않아 보였다. 그들을 획득하려면 적지 않은 노력과 시간을 집중적으로 투자해야 할 것 같아 아이들에게는 무척 버겁지 싶었다. 그 옛날 어른들 말씀이 초등학생이 무슨 공부냐며 일손을 돕거나 심부름을 마구 시켰었다. 아무리 생각해도 요즘 아이들을 그런 식으로 내몰다가는 문제아로 전락할 위험성이 다분하다. 그런 까닭에 손주를 양육하는 조부모라면 모두가 생각을 고쳐먹어야 하지 않을까? 자칫 잘못하다가는 큰코다칠까 더럭 겁이 났다.

바다쓰기와 받아쓰기

⧉ 숨기고 싶었던 나의 치부(恥部)

위의 글 제목 중에서 앞에 나온 '바다쓰기'라는 내용은 내겐 지울 수 없는 낙인처럼 불명예스러운 흔적이다. 초등학교 3학년 때로 기억된다. 중학교 다니던 이웃 형이 받아쓰기를 해보자고 했다. 그러면서 불러주던 첫 문제의 답을 일필지휘로 "바다쓰기"라고 휘갈겨 썼다. 내가 무슨 잘못을 저질렀는지도 모르는 상태로 말이다. 그 이후 "받아쓰기"라는 말만 들어도 얼굴이 화끈거리고 부끄러워 쥐구멍이라도 찾아 숨고 싶었다.

⧉ 내가 요즘 학생 아닌 게 천만다행

유진이가 입학한 뒤 한 달쯤 지날 무렵 학교에서 받아쓰기 시험을 볼 예정이라는 안내문을 보내왔다. 매번 10문제씩 24회에 걸쳐 실시하며, 테스트할 문제도 몽땅 인쇄해 배포했다. 그 주어진 문제를 완벽하게 익히면 만사형통이었다. 하지만 모두 240문제로 처음엔 단어에서 출발하여 후반부로 넘어갈수록 간단한 어휘나 문장으로 까다로워졌다. 띄어쓰기와 문장부호인 반점(,), 온점(.), 느낌표(!), 물음표(?)까지 정확하게 써야 하는 고난도의 문제로 이어졌다. 이러한 경향은 단순히 옆에서 보는 나까지 심란하게 만들었다. 그 몇 가지 예이다.

'허리', '토끼', '풀밭', '아기 곰', '잘한 점', '방긋 방긋', '말이 주는 느낌', '우리 집에 놀러 올래?', '크게 웃을 수 있어', '현수야, 안녕?', '야호! 돌아간다.', '색칠도 혼자 한 거야?', '와, 날아간다.', '야호, 돌아간다.', '볶음밥을 해 주셨다.', '여러 가지 동물로 변해서', '후 하고 불어 봐.'와 같은 유형의 문제였다.

◫ 공부엔 왕도(王道)나 첩경(捷徑)이 없다

뒤늦게 한글에 입문한 아이에게 연습밖에 도리가 없었다. 매일 다음 주일에 테스트할 문제를 한 번씩 쓰는 연습을 시켰으니 따지고 보면 시험 전에 최대 일곱 차례 정도 연습한 꼴이다. 아직도 한글에 미숙하여서 제대로 익히는 과정이라고 생각해서 그리 대응했다. 많이 걱정을 했지만 잘 따라가 기특했다. 결국, 학기를 마치면서 모두 240개 문제를 받아썼는데 그중에서 2문제 틀렸다. 이는 문제를 미리 고지한 결과로 자기 반 친구들도 그와 비슷한 수준이었기 때문에 겨우 체면치레를 한 셈이었다.

그리고 2학기와 2학년 1, 2학기에도 같은 식으로 학기마다 240~180문제씩 받아쓰기 시험을 시행했다. 그런데 유진이는 매학기 전체 문제 중에 1~2개 틀려 비교적 좋은 성과를 거뒀다. 이를 통해 연습의 중요성이 증명된 셈이었다. 하루에 겨우 5분 남짓한 시간을 할애하여 꾸준히 투자하면 별 어려움 없이 친구들만큼

할 수 있다는 사실을 증명했던 소중한 체험이었다.

책 읽기 과제

◫ 책 읽는 모범을 보였거늘

같은 연령층에 비해 비교적 책을 많이 읽으며 가까이하는 할아버지인 나를 늘 옆에서 지켜봤을 터이다. 그럼에도 불구하고 어린 때문인지 따라 하고픈 마음이 없었던 걸까! 하기야 입때까지는 글자를 모두 해득하지 못해 제대로 된 동화책을 읽을 계제가 못되었다. 그런 때문에 기껏해야 유아용 그림책을 주로 넘겨다보며 낄낄거리는 수준이었다.

◫ 조선 시대 전기수(傳奇叟)를 흉내 내며

초등학교에 입학해 처음으로 맞이하는 여름방학 과제 중의 하나가 책 읽기이다. 지정도서 10권을 포함해서 모두 50권을 읽어야 한다. 명시된 지정도서를 구하려고 인근 문방구와 서점을 샅샅이 뒤졌어도 없었다. 그래서 조건 불문하고 손에 닿는 대로 읽혀 권수를 채울 요량으로 출발했다.

처음 겪는 과제이기 때문에 시작부터 마칠 때까지 옆에서 철저히 지켜보며 바르게 읽도록 지도하고 있다. 마침 아낙군수처럼 집 안에 머물 시간이 많다는 게 지도에 도움이 되었다. 책 읽기를 느긋하게 지켜보며 글자를 틀리게 읽거나 문장에 나타나는 느낌표(!), 물음표(?), 반점(,)과 온점(.)의 쓰임새까지 알려준다. 거기에 더해서 표기와 읽는 소리가 다른 경우도 틀리는 것을 놓칠세라 유념하고 있다. 한편 우리 동화책엔 생각 이상으로 어려운 단어나 어휘가 많이 사용되고 있다. 이 경우에 이해하지 못하면 즉각 읽기를 중지시키고 그 내용을 알아듣게 설명을 해준다.

정독 결과의 정확한 적바림

적당히 읽고 얼렁뚱땅 지나가면 훗날 흐릿해져 그 증거자료를 찾기 어렵다. 이런 연유로 동화책을 한 권 읽을 때마다 A4용지에 칸을 쳐 놓고 "일련번호, 책 이름, 읽은 날짜, 출판사 이름, 지은이 이름"을 꼬박꼬박 적바림시키고 있다. 처음 시작할 때는 언제 마칠 수 있을까 아득한 심정이었다. 그러나 하루하루가 지나가면서 시나브로 기재된 내용이 빈 종이를 가득 채워 흐뭇했다. 학교에 입학하면서 꾸준히 읽었던 동화책이 20여 권쯤에 이르니 이번 방학과제로 읽은 것까지 더하면 최소한 70권을 훌쩍 넘긴 셈이다.

내 생전 동화책 가장 많이 읽었던 여름

입때까지 올여름처럼 한꺼번에 동화책을 많이 읽었던 적이 없다. 유진이가 읽기 전에 내가 먼저 읽고 나서 어려운 문장이나 단어 그리고 책이 내포하고 있는 메시지 따위를 정확하게 조언해 주려는 의도 때문이었다. 그 과정에서 어린이들이 도저히 이해할 수 없거나 어려운 단어나 어휘가 남용되어 무늬만 동화책인 경우가 숱해 개선이 절실하다는 생각이 들었다.

◫ 독서에 대한 바람

유진이가 이번 방학과제와 상관없이 독서에 취미를 붙여 책을 즐기는 어린이로 성장했으면 좋겠다. 그렇다고 감히 안중근 의사의 휘호 중의 하나인 '하루라도 책을 읽지 않으면 입에 가시가 돋는다.'는 뜻의 "일일불독서/구중생형극(一日不讀書/口中生荊棘)"이라는 턱없이 높은 경지에 이르기를 바라는 것은 아니다.

때늦은 계곡 물놀이

⊡ 뒷북치는 격의 물놀이

젊은이들은 연휴나 방학을 맞으면 잽싸게 아이들을 데리고 가족여행을 떠나는 경우가 일상화된 요즈음이다. 그런데도 유진이를 양육하는 처지에 여행은 고사하고 하루 나들이마저도 좌고우면하며 뜸을 들이며 간을 보기 일쑤이다. 그렇게 시간 다 보내면서 다음에 운운하며 미적거리기만 하는 게 내 성격이다. 생각과 달리 가족과 움직이는 것을 성가시다고 여겨 핑계를 둘러대거나 몸을 사리는 내가 과연 정상일까!

유진이가 여름방학(2014년)이 시작될 무렵부터 해수욕장이나 워터파크가 아니면 계곡 물놀이를 가자고 노래를 부르듯이 졸라댔다. 그런데도 차일피일 미루며 온갖 핑계를 끌어대다가 막판에 몰려 더는 옴치고 뛸 구석이 없는 처지에 몰린 뒤에 울며 겨자 먹기 식으로 계곡 물놀이를 떠나는 것으로 가닥을 잡았다.

⊡ 동네 변두리 계곡

마산의 변두리 감천 계곡은 집에서 승용차로 10여 분 달리면 닿는 곳으로 한여름엔 발 디딜 틈이 없을 정도로 시민들이 마실 나오듯 부담 없이 즐겨 찾는 개울이다. 휴가철의 절정기를 넘겼고 평일인 화요일 오후 늦은 해거름 가까운 시간이라서 한산할 것으로 예상했었다. 하지만 장날 저잣거리를 빰칠 만큼 피서 나온 사람들로 복닥댔다.

비가 내린 지 꽤 여러 날 되었는데 물이 많이 흘러 내의 중앙으로 다가가면 어린아이들은 견뎌내지 못하고 곧바로 떠내려갈 위험한 상황이었다. 그 때문에 가장자리를 맴돌며 물고기를 잡겠다며 자리를 잡았다. 준비해 간 포충망으로 송사리를 잡으려 애를 써도 쉽지 않아 실패를 거듭해도 잡겠다는 일념을 꺾거나 접지 않았다.

◫ 지성이면 감천, 송사리 포획

멀찌가니 물가에 앉아 하는 꼴을 유심히 지켜봤다. 얼추 한 시간 가까이 지날 무렵 환호성을 질렀다. 물 밖의 내 곁으로 다가오더니 고기를 잡았다며 포충망에서 아주 어린 송사리 한 마리를 꺼냈다. 그 과정에서 기고만장한 꼴이 오늘 물놀이에서 마침내 화룡점정(畵龍點睛)을 찍은 셈이었다. 그 후에도 계속 물속을 휘젓고 다니며 최선을 다했다. 그러나 또 다른 송사리 한 마리와 다슬기 하나를 건져 올린 게 고기잡이 어획의 전부였다.

초라하다 못해 지리멸렬한 전과는 아무런 문제가 되지 않았다. 분명한 것은 오늘 유진이가 물놀이를 했다는 것과 비록 빈손에 가까운 상황일지라도 물고기를 스스로 잡았다는 사실은 기념비적인 사건으로 기억될 것이다.

⊞ 기껏 한나절 물놀이로 족한 것을

아직 여름인데도 여섯 시 반쯤 되면서 냇가엔 찬바람이 일기 시작했다. 자칫 잘못하다가 감기라도 들 위험성을 외면하기 어려워 물놀이를 중지시켰다. 겨우 한나절 물놀이를 시켰을 뿐인데 잎이 귀에 걸려 헤헤거리며 다음에 또 오자며 흥분된 속내를 오롯이 드러냈다. 기왕에 서비스하는 김에 외식을 시켜 줄 요량으로 마산대학을 지나 함안 쪽으로 승용차의 길머리를 틀어 달렸다. 그런데 아름답기 이를 데 없는 석양이 펼치는 향연을 바라보면서 황홀해 감탄사를 쏟아내는 모습에 내 맘도 덩달아 상종가를 쳤다.

내 존재는 뭘까!

꿩 대신 닭

일 년에 한두 번 아내가 며칠씩 집을 비울 때 꼼짝없이 유진이 건사는 내 몫이다. 적당히 밀어붙일 구석이 전혀 없는 까닭에 잠자는 시간을 포함해서 하루 스물네 시간 온새미로 무한 책임을 져야 하는 경호를 해야한다. 호불호를 따질 처지가 못돼 온 힘을 다해 받들어 모시는데도 온통 마음은 제 할머니에게 기울어져 이따금 살짝 서운키도 하다.

지난 월요일(2014년 9월 29일)이었다. 아내는 평소보다 일찍 유진이를 깨워 세수를 시켰다. 서둘러 아침 식사를 끝낸 뒤에 등교 준비를 해주면서 자기가 서울 나들이를 한다는 사실을 조곤조곤 설명했다. 그리고 유진이가 학교로 떠난 뒤에 아내는 고등학교와 대학 동창들의 만남을 위해 집을 나서며 이튿날 자정 무렵에 돌아올 것이라고 알렸다.

안방마님 대역

학교에서 돌아오는 길에 유진이가 할머니는 서울에 가셨느냐고 물었다. 할머니가 집을 비웠다는 사실에 맘이 허전한지 에둘러 불평했다. 학교 때문에 동반 여행이 불가능한 처지를 매구같이 꿰뚫고 있으면서도 자기를 데리고 가지 않았다고 볼멘소리를 쏟아내며 불뚝댔다. 속내를 간파하고 제과점으로 데리고 가서 좋아하는 빵을 안겼더니 헤벌쭉 웃음이 헤퍼졌다.

학원과 태권도장을 거쳐 돌아온 녀석을 샤워를 시킨 뒤에 저녁밥을 먹이고 일기 쓰기, 숙제, 받아쓰기 연습을 마치고 쉬는 시간이었다. 갑자기 내 휴대전화로 할머니와 통화했다.

“차 타고 가다가 토를 하지 않았느냐?”

“저녁 먹었느냐?”

“어디서 잘 것이냐?”

따위를 열심히 물어대며 오매불망 애틋한 마음을 내비쳤다. 전화를 마치기 무섭게 잘 시간이 되었다고 호들갑을 떨어서 함께 잠자리에 들었다.

주인마님을 흉내 내며 여는 하루

화요일 아침 일찍 일어나서 아침밥을 준비하는 한편 덕금어미를 닮아 아침잠이 많은 유진이와 밀당을 하며 어렵사리 깨워 설렁설렁 세수를 시켰다. 그런 다음에 아침 식사를 차려 주었는데 시위하듯 해찰을 해대서 등교 시간에 쫓겼다. 어르고 달래며 서둘러 옷을 챙겨 입히고 준비물을 갖춰 가까스로 지각을 면할 시각에 등을 떠밀어 학교에 보냈다. 그런 자질구레한 뒤치다꺼리를 하고 나니 아침부터 등줄기에 식은땀이 흘렀다.

할머니 부재로 마음이 허전했음일까? 학교에서 돌아와 간식을 상상외로 많이 먹고 저녁밥도 먹보처럼 많이 먹어 탈이 날까 봐 은근히 걱정이 되었다. 그러고도 밤에 간식으로 전날 사 왔던 빵을 먹은 다음에 자기 머리통만 한 배를 깎아 순식간에 먹어 치워 어안이 벙벙하게 만들었다. 아무리 생각해도 지나친 과식으로 꺅차서(음식을 많이 먹어 목까지 꽉 차는 상태) 고생하지 않을까 노심초사했다.

🀆 할머니에 대한 애틋한 사랑가

오매불망, 모든 촉수는 할머니를 향해 열려있었다. 얼추 반 9시 반쯤이었다. 갑자기 할머니에게 전화를 걸었다. 통화 첫머리부터 같잖은 잔소리부터 쏟아냈다. 차 타고 오면서 잠을 자면 안 된다는 생뚱맞은 얘기였다. 만일 잠을 자다가 마산역에 내리지 못하면 큰일 나기 때문이라고 했다. 그리고 밥을 굶지 말고 꼭 사 먹으라며 애늙은이 짓을 하는 꼴이 점입가경이었다. 그 뒤 한참을 주절거리더니 됐다 싶었는지 전화를 끊었다.

할머니가 귀가할 자정 무렵까지 기다린다는 것은 무리였다. 그래서 방에 들어가 누워서 기다리자고 꼬드기며 교묘하게 잠자리로 이끌었다. 어두운 방에서 되는대로 얘기를 주고받다 보니 꿈나라로 떠났다.

그리고 다음 날(수요일) 아침이었다. 할머니가 깨우는 목소리를 듣고 만면에 희색을 띠고 히죽이며 평소와 다르게 잠자리를 박차고 일어나는 모습을 보며 스치는 생각이었다. 할머니 대신 이따금 저를 지극정성으로 모시는 나는 어떤 존재일까!

여덟 살 도령의 증조부 제사

아버님! 증손의 절 받으세요

지난봄(2014년 3월)에 초등학교 입학한 천방지축이 증조부 제사상 앞에 너부죽이 엎드려 절을 하고 있다. 각별히 조상을 받들어 섬기는 유전자를 타고났다거나 맹자왈(孟子曰) 공자왈 따져가며 제례(祭禮)를 달통해서 참여한 아이가 아니다. 제 큰 아비와 아비가 피치 못할 사정으로 불참한 까닭에 할아버지인 나 혼자서 모셔야 할 제사에 머릿수를 보탠 격이다.

그날(음력 9월 11일)은 내 선고의 기제사 날이었다. 올해엔 공교롭게도 두 누님과 세 여동생을 비롯하여 나의 두 아들까지 몽땅 제사에 참석하지 못했다. 공연히 자괴감에 빠져 허우적댔다. 그런 마음 때문인지 집안 분위기는 적막강산으로 적적했고 절집 울안처럼 정적이 감돌았다.

원래는 법도에 맞춰 제사를 모시려 했었다. 그런데 이른 사간으로 당기면 유진이도 참여할 수 있지 싶었다. 늦은 시간에 혼자서 청승맞게 모시는 난감한 상황을 면키 위한 고육지책이기도 했다. 하지만 유진이에게도 제사에 대해 옹골진 경험을 시킬 수 있다는 그럴듯한 핑계도 끌어다 붙이며 어렵사리 내린 결정이었다.

⧉ 제수의 진설

유진이에게 특별한 경험을 쌓을 기회로 활용해 보고 싶었다. 그런 이유에서 제수(祭需)를 직접 진설하도록 이끌기로 했다. 장만해 둔 제수를 하나하나 손에 들려서 제사상의 제자리에 놓도록 차근차근 유도했다. 그야말로 '제사상에 감 놔라 대추 놔라'를 끝없이 반복해야 했다. 그리해도 제수를 진설하는 기본 법도를 터득할 리 없다. 하지만 나름대로 자기도 한 번 제사 음식을 제사상에 차려봤다는 자긍심을 심어 주기 위한 배려였다.

사실 나도 때로는 어령칙해서 머뭇거리며 기억을 더듬기도 하는 처지이다. 그런데 어린 손주가 홍동백서(紅東白西), 조율시이(棗栗柿梨), 두동미서(頭東尾西)를 비롯한 제수 진설법이나 초헌(初獻), 아헌(亞獻), 종헌(終獻) 따위의 절차나 법도를 어찌 알 수 있겠는가? 그럼에도 불구하고 시종일관 '여기다 놓아라', '이리 돌리고 저리 틀어 놓으라'는 말이 떨어지기 무섭게 따라 하며 신이 나서 마냥 방방 뛰었다.

⧉ 제사는 이렇게 모신단다

제수를 모두 진설하고 향을 사룬 뒤에 한복을 곱게 차려입은 유진이와 함께 법도에 따라 제사를 모셨다. 유진이도 나처럼 잔에 술을 따라 상에 올리고 절을 했다. 절을 하는 과정에서 언행을 조신하게 해야 한다고 일러도 우이독경이었다. 재배(再拜)를 하는 중간에 너부죽이 엎드려 무언가를 끝없이 읊어대거나 일어서다 말고 갑자기 팔굽혀펴기를 하는 괴이한 행동이 차라리 이지렁스러웠다. 짧은 시간인데도 순간순간 행동을 자제하도록 어르다가 때로는 잘한다고 부추기기를 되풀이하며 어렵사리 제사를 마쳤다. 아마도 왕림하셨던 내 선친의 영혼도 증손의 재롱에 원로(遠路)의 피로가 다 풀리는 것은 물론 파안대소하시며 무척 흐뭇해하셨을 것이다.

回 회상의 곳간에 오늘의 경험을 쟁였으면

먼 훗날 어린 시절을 회상하다가 할아버지와 단둘이 모셨던 제사의 추억이 떠오를지 모르겠다. 비록 누구의 제사였는지 희미하더라도 조상을 기리고 예에 따라 모시던 추억의 편린을 통해서 어린 시절을 돌아보는 이정표가 되었으면 좋겠다.

달갑지 않은 첫 시험

평가, 그 첫 시험에 들다

갓 입학했던 첫 학기에는 공식적인 시험 없이 받아쓰기만 했다. 그런데 2학기의 중간 무렵인 어제(2014년 10월 22일) 국어와 수학 및 통합교과 등 세 과목에 대해 중간시험이 시행됨으로써 공식적인 첫 시험을 경험했다. 드디어 고삐 풀린 망아지처럼 뛰놀던 천둥벌거숭이들이 끝없는 평가가 이어지는 세계에 첫발을 내디딘다는 관점에서 만감이 교차하며 갈피를 잡기 어려웠고 달갑기만 한 기분은 아니었다.

시험을 마치고 귀가한 뒤에 시험에 대해 슬쩍 떠봤다. 구체적으로 어떤 문제 어렵고 틀렸는지 파악할 수 없어 입을 꽉 닫고 말았다. 점수의 높고 낮음이 문제가 아니다. 아이가 어떤 유형의 문제를 제대로 해결하지 못하는지를 파악해야 추후 지도에 참고할 터인데 사실상 불가능했다.

요즈음 초등학교에 STEAM을 비롯하여 스토리텔링(Storytelling) 개념이 도입된 교재를 들여다보면 기성세대들에게는 당최 낯설다. 비록 초등학교 학생의 교과목일지라도 선불리 덤볐다가는 뜨거운 꼴을 당하기에 십상이다.

⊕ 국어야 놀자 수준으로 해결 가능할까!

국어의 경우 동시나 글 일부를 내용을 제시하고 출제되는 객관식 문제나 서술형 문제들은 깊이 생각하지 않으면 낭패를 볼 소지가 많아 보였다. 그런가 하면 '술래잡끼', '괜찬아', '너머져서' 따위처럼 잘못 쓴 글자를 찾아 바로쓰기 같은 유형은 상당히 까다롭다. 또한 기초적인 문장부호인 물음표(?), 느낌표(!), 반점(,), 온점(.)을 위시해서 쉬어 읽는 기호인 쐐기표(∨), 겹쐐기표(⩔)의 바른 사용법 또한 만만치 않다. 게다가 "받침이 있는 글자 뒤에 'ㅇ'으로 시작하는 글자가 나오면, 받침소리가 뒤로 넘어가 소리 나는 원칙"은 매우 까다롭다고 느꼈다. 예를 들면 '앞에'를 '아페', '집에'를 '지베', '일요일'을 '이료일'로 읽는 규칙을 말한다.

⊕ 옛날 산수 문제 풀던 사고와 판이한 수학 세계

수학의 경우 전반적으로 커다란 문제가 없어 보였다. 하지만 "다음 식에서 □속에 들어갈 수 있는 수중에서 가장 작은 수는 얼마인가?"라는 식의 유형 앞에서는 곤혹스럽지 않을까 싶다.

3 + 5 - □ 〈 6

또한 스토리텔링 개념이 적용되어 단순히 답만 쓰는 게 아니라 풀이과정과 답을 모두 써야 하는 아이들에게 적지 않은 부담이 될 공산이 커 보였다. 예를 든다면

"58에서 62 사이에 있는 수는 몇 개인지 풀이과정과 답을 쓰시오."

에 대한 하나의 모범 답안은 이렇다.

“58과 62 사이에는 59, 60, 61등 3개의 수가 있다. 그러므로 답은 3개이다.”

이러한 답의 형태는 초등학교 1학년에게 만만하지 않아 보였다.

◫ 블랙홀을 연상시키는 통합 교과

통합교과는 아무리 봐도 문제가 많아 보였다. 공동체 생활에서 인사법, 예절, 이웃과 협동을 비롯한 어울림이나 공공질서 지키기 따위를 제대로 소화해 받아들인다는 것은 매우 어렵지 않을까? 또한, 가을의 계절적 특징과 생활모습의 변화를 야무지게 깨우치지 못하면 허둥댈 소지가 다분했다. 게다가 도시 아이들이 가을걷이, 타작, 품앗이를 무슨 재주로 제대로 이해할 수 있을지 의문이 든다.

또한, 통합교과에 나오는 전래동요인 ‘정다운 이웃’, ‘꿩꿩 장서방’, ‘길로길로 가다가’ 따위는 제대로 따라 부르기도 벅찼고 박자맞추기를 흉내 내보려고 하다가 포기하기도 했다. 게다가 전통놀이 역시 어려서 한 번도 해본 적이 없는 이름만 그 부류에 속하는 것 같았다. 충분한 검토 분석은 해보지 않았다. 하지만 통합교과는 시작은 있어도 끝을 알 수 없는 블랙홀을 연상시켜 아이들이 무척 헷갈릴 것 같았다.

⊞ 천재의 용트림일까! 부모가 닦달한 결과일까!

하여튼 이런 내용을 테스트한 첫 시험이었는데 결과는 놀라울 지경이었다. 시험이 끝난 뒤 한참 지나서 학교에서 통지가 왔다(10월 28일). 그에 따르면 3과목 1학년 전체 평균이 91.82였던 것 같다. 그런데 유진이의 3과목 평균이 95.3으로 학교 전체 평균보다 약간 높은 셈이기에 가까스로 체면치레를 하며 선방을 한 셈이었다.

젖니 빼기

⧉ 하느님과 까치와 젖니

그 옛날 어린이들의 젖니가 흔들려 빼야 할 경우 대부분이 어른들이 흔들리는 이에 실을 친친 감아 순간적으로 힘을 주어 낚아채는 방법을 썼다. 그 시절 젖니를 빼겠다고 오늘날처럼 치과병원으로 달려갔던 경우는 극히 드물었다. 그렇게 뺀 이를 지붕 위로 던지며

"까치야! 까치야! 헌 이 줄게, 새 이 다오."

라고 읊어댔다. 왜 하필이면 까치에게 빌었을까?

우리 선조들이 하느님과 인간을 연결하는 중재자이며 연락병이 영물인 까치라는 믿음에서 연유했다. 결국, 새로운 이를 하느님이 주기 때문에 심부름꾼인 까치를 통해서 헌 이를 반납하고 새로운 영구치를 받으려는 바람이 까치에게 이를 던져주는 풍습으로 굳어졌다.

⧉ 이갈이 무렵의 풍경

오늘(2014년 10월 30일) 유진이가 젖니 중에서 아랫니의 오른쪽 측절치(가 쪽 앞니)를 치과에서 뽑았다. 지난 초여름 두 번에

걸쳐 아랫니의 중절치(가운데 앞니) 두 개를 모두 뽑았던 경험이 있어 이번에 3개째 빼는 셈이었다. 처음엔 두려움 때문인지 지나치게 소소한 여러 가지를 되풀이해 물어봐 소심한 성격이 아닐까 의심이 들 정도였다. 그래도 지난번 경험을 쌓은 덕으로 오늘은 학원을 다녀와서 오후 4시경에 제 할머니와 치과로 향하면서 여유로운 모습과 말투로

"할아버지! 이 빼고 올게"

라며 씩씩하게 인사를 하고 집을 나섰다.

젖니의 호칭

예로부터 "엎어진 김에 쉬어간다"라는 말이 있다. 이를 빼고 집에 돌아온 유진이와 함께 인터넷에 접속하여 젖니에 대한 호칭을 살펴보기로 했다. 여기저기 산재한 사이트에서 찾아 요약 정리한 내용이다.

통상적으로 생후 30개월 전후로 젖니는 모두 난다. 그런데 윗니와 아랫니가 각각 10개씩으로 모두 20개이다. 위 아랫니를 막론하고 입을 벌렸을 때 정면에 보이는 쌍 대문 같은 2개의 중절치(가운데 앞니)를 포함하여 각각 왼쪽과 오른쪽으로 5개씩 있다. 이들은 차례대로 중절치(가운데 앞니), 측절치(가 쪽 앞니), 견치(송곳니), 제1 유구치(첫째 어금니), 제2 유구치(둘째 어금니)라는 이름이 붙여져 있다. 그런데 이들 중에서 중절치와 측절치를 통틀어 앞니라고 한다.

⧉ 오복 중에 하나라는 치아

앞으로 한동안 유진이는 젖니의 이갈이로 입을 벌리면 대문이 열려 있거나 돌담의 한 모서리가 무너져 내린 모양새를 면치 못할 것이다. 이 또한 하늘의 섭리에 따른 성장 과정에서 기필코 넘어야 할 문턱일지니 잘 넘기고 예쁜 영구치로 바뀌었으면 좋겠다. 아울러 내 경우를 생각하면 세월이 지날수록 치아가 엉망진창의 상태로 변해 어찌 대응할지 난감하다. 치조골이 약해 임플란트도 어려운 실정이라는 전문의 얘기이다. 유진이는 지금부터 치아 관리를 철저히 하도록 이끌어 언제까지라도 건강한 치아를 지니고 살도록 보살펴 주어야겠다.

가을 운동회를 참관하며

◰ 운동에 대한 가치관의 변화

오늘(2014년 11월 7일)이 유진이가 초등학교에 입학하고 처음으로 맞이한 운동회 날이다. 동짓달의 첫 금요일 청자빛 말간 가을 하늘이 저만큼 드높고 가실가실한 가을바람에 삽상한 날씨여서 운동회에 기막힌 택일이었다. 운동회에 대한 소묘이자 단상의 적바림이다. 그 옛날 체육 행사에 등장했던 구호는 대략 이런 유형이었다.

"몸도 튼튼 마음도 튼튼"

"체력은 국력"

그런데 오늘 학교 앞에 걸린 플래카드에는 '꿈과 희망'이라는 단어가 그 자리를 메꾼 것을 보며 가치관이 엄청 변했음을 실감했다.

◰ 조촐한 교내행사, 운동회

1학년부터 6학년까지 34학급인 점을 고려하면 재학생이 적지 않은 편이다. 그런 때문에 모두가 골고루 참여하는 알찬 프로그램으로 운동회를 개최하려고 고심했던 흔적이 뚜렷했다. 각 학년마다 3개의 프로그램에 참여하면서 시작 때 준비 체조와 마칠 때 정리 체조까지 모두 20개의 내용이 조화롭게 구성되어 있었다.

그 옛날 운동회는 추석 무렵에 열렸고 마을축제였다. 운동장엔 만국기가 펄럭이고 마이크 소리가 윙윙대서 귀가 따갑고 시끌벅적한 분위기였다. 하지만 오늘의 운동회는 그야말로 조촐한 교내 행사 분위기가 짙게 풍겼다.

예와 비견될 수 없는 오늘이리라. 전교생이 학년을 초월하여 청·백군으로 나뉘어 서로 경쟁하던 모습은 빛바랜 추억의 앨범에서나 찾을 수 있지 싶었다. 오늘 아이들이 청·백군으로 나누어져 있었다. 하지만 청·백군 구별 없이 학년 학급별로 무리 지어 앉아 있었다. 그런데다가 청·백군으로 편을 나뉘었을지라도 악을 쓰며 응원가를 부르거나 '청군 이겨라', '백군 이겨라' 하는 응원 모습도 없었다.

조촐한 교내행사를 지향한 때문인지 본부석엔 그 흔한 지역 유지나 명사가 자리한 흔적이 없어 되레 그게 쓸쓸하게 다가왔다. 진행을 맡은 선생님과 교장 선생님이 자리한 앞부분의 연단이 썰렁했다. 그보다 조금 뒤편에 배치한 의자에는 학부모 대표로 추정되는 몇몇 젊은 엄마들이 자리를 꿰차고 앉은 모습이 그나마 잔치 분위기를 띄웠다.

▣ 낯선 문화가 거북했던 순간의 소회

초연하게 아이들이 하는 모양새를 지켜보는 부모의 품격을 생각했다. 기껏해야 9시 20에 시작해서 12시 20분경에 모든 운동회 일정이 종료된다고 고지된 상태였다. 그런데 진득하게 기다리지 못하고 난리굿을 피우는 저의를 이해를 할 수 없었다. 아이들이 촘촘히 붙어 앉아 있는 틈새로 비집고 들어가서 음료수나 차가운 생수를 챙겨 먹이는 모습은 현명한 모정과 거리가 멀게 투영되었다. 이는 좀팽이같이 편협한 내 마음 때문에 다른 이를 너그럽게 받아들이지 못함에서 기인하는 느낌일 게다.

주인공들에게 운동회의 의미

유진이의 기억이 차곡차곡 쟁여질 곳간에는 오늘의 운동회가 어떤 모습으로 갈무리 되었을까? 아무리 생각해도 내가 어린 시절 겪으며 뇌리에 새겨진 운동회와는 생판 다르게 일과성 행사로 일시적으로 기억될 개연성이 크지 싶다. 그래도 세월의 흐름과 함께 자연스럽게 사위어지지 않았으면 좋겠다.

다양한 디지털 문화가 넘쳐나는 현대라도 운동회에 대한 감회는 얼추 내 경우와 매우 흡사하지 않을까 하는 얼토당토않은 착각을 했던 것 같다. 운동회를 마치고 집에 돌아온 아이에게 넌지시 떠봤다. 그랬더니 너무도 무덤덤해서 말을 섞으려 했던 내가 민망했던 마음을 에둘러 이르는 말이다.

갈고닦은 재능의 경연

생애 최초의 학예회 참관

오늘(2014년 11월 21일) 유진이 학교에서 『2014. 꿈 너머 꿈! 신월 축제 한마당』이라는 표어를 내건 학예회가 강당인 청량관(淸凉館)에서 열렸다.

학예회라는 단어는 무척 익숙한데 정작 나는 한 번도 학예회에 참석했던 적이 없다. 그 이유는 6·25전쟁이 막바지에 이를 무렵부터 피난과 귀향을 반복하며 어수선했던 시절 초등학교에 다녔던 데서 연유했다. 그리고 나의 두 아이가 학교에 다니던 때는 그런 일에 전혀 관심을 두지 않았기 때문에 모르는 사이 모두 지나버렸다. 그런데 할아버지가 참석해야 한다는 얘기에 토를 달거나 궁색한 이유를 붙여 둘러댈 수 없어 꿀 먹은 벙어리처럼 입을 꽉 다물고 따랐다.

프로그램의 평면적인 구성

사전에 학예회는 '학생이 음악, 무용극, 낭독 등의 예능 실력을 발표하고 그림, 글씨, 공예 따위의 작품을 전시하는 대회'라고 정의하고 있었다. 프로그램을 살폈다. 모두 30개의 종목으로 오전 9

시 30분에 시작하여 12시 30분에 끝나는 것으로 계획되어 있었다. 그리고 1학년부터 6학년까지 모두 34개 반이 각각 혹은 몇 개의 반이 모둠으로 학년의 수준이나 색깔과 멋을 한껏 뽐낼 내용을 선택하여 한 번씩 참여하는 것을 원칙으로 편성된 조화로운 프로그램이었다. 그 외에 몇몇 동아리가 소속 학년이나 반과 관계없이 독립적으로 참여했다.

구불출(九不出) 할배의 마음

그동안 유진이가 매일 집에서 컴퓨터를 켜놓고 노래를 들으며 춤동작을 익혔던 것은 뉴 둘리 송(new dooly song)이었다. 그 의문이 오늘 풀렸다. 유진이의 반인 1학년 2반이 '둘리는 내 친구'라는 율동을 펼치기 위한 준비였다. 개막을 알리는 관악합주가 끝난 뒤에 본격적인 행사의 첫 번째로 유진이 반의 율동이 이어졌다. 나름대로 최선을 다하면서도 밝은 조명의 반짝이는 불빛에 내심 놀랐을까? 아니면 아직 어린 때문에 제대로 익히지 못해 이리 비틀 저리 배틀 어긋나고 한둘의 동작이 순간적으로 엉클어지기도 했다. 그렇지만 해맑은 천사의 율동은 황홀하고 아름다워 하나하나 꼭 껴안고 등을 다독여 주고 싶었다.

학년 차를 실감했던 학예회

전체적으로 4·5·6 학년이 펼치는 내용은 기량을 한껏 갈고닦아 모든 면에서 안정적이고 위풍당당하여 과연 초등학생인가 하고 놀랄 지경이었다. 그에 비해서 아직 천방지축의 티를 제대로 벗지 못한 1·2학년이나 조금은 설익어 시고 떫은 듯한 3학년들은 부족하고 아쉽기도 했다. 하지만 정갈한 혼과 구김살 없이 해맑은 맘 길 따라 날갯짓하며 재주와 솜씨를 뽐내는 개구쟁이의 모양새라서 더욱 정감이 갔다.

◫ 견수불견림(見樹不見林)이 떠올라서

옥에 티 같은 흠일까 아니면 어린아이들을 위한 배려였을까? 협소한 강당 사정을 감안한 때문인지 차례가 되면 강당으로 입장하여 대기하다가 무대에 올라가 공연을 마치고 곧바로 각각의 교실로 돌아갔다. 따라서 자기 반이 펼쳤던 공연 이외는 관람하며 배운다거나 서로 비교해 볼 기회가 원천적으로 차단되었다. 그러므로 교육의 효과를 극대화하지 못하는 맹점을 내포하여 무척 아쉬웠다. 여기에는 '나무는 보고 숲을 보지 못한다'는 견수불견림(見樹不見林)의 맹점이 있지 싶었다.

학교는 왜 인기가 없을까!

학교야, 너는 아는가!

예나 지금이나 학교가 아이들에게 인기가 별로 없는 이유는 어디에 있을까? 그 옛날에도 학교에 대한 긍정적인 평가 못지않게 경원의 대상으로 조롱하기도 했었다. 그런데 21세기에 들어서 디지털 문화가 만개한 이즈음에도 학교는 인기가 별로 없이 고리타분한 곳으로 각인될 개연성이 엿보인다는 측면에서 생각을 해본다. 물론 아이들이 저희끼리 놀면서 악의 없이 들먹이던 말을 주워듣고 자기 말처럼 내 앞에서 내뱉었는지 모른다.

생뚱맞은 폭탄선언

조상의 시제(時祭)를 모시고 집으로 돌아오던 고속도로 위에서 유진이가 던졌던 얘기이다(2014년 11월 23일). 여행의 즐거움에 한껏 기분이 좋아져 이런저런 얘기를 주저리주저리 읊던 아이가 갑자기 말머리를 바꾸면서

"할아버지!"

라고 불렀다. 그리고 따발총을 쏴댔다.

"내가 만약 대통령이 된다면 말야!"

"학교를 없애 버릴 거야."

"시험도 없애 버릴 거야."

"교과서도 몽땅 없애고, 선생님도 없애고."

"학원도 없앨 거야!"

"그리고 원시인처럼 살 거야."

믿을 수 없었다. 어떻게 초등학교 1학년이 이런 맹랑하고 가당찮은 내용을 암송하듯 줄줄이 토해 낼 수 있을까! 어이가 없어 멀뚱멀뚱 아이를 쳐다보며 한참을 백치처럼 허둥댔다. 가까스로 정신을 가다듬고 어물어물하다가 어눌한 어조로 겨우 물었다.

⧉ 연유가 뭔지 궁금해?

"왜, 그런 생각을 하는데?"

능구렁이 같은 꿍꿍이 속내를 꿰뚫을 수 없어도 얘기에 등장하는 조각들을 이리저리 꿰맞춰 미루어 짐작해 본다. 아마도 학교에서 쉬는 시간에 친구들과 그런 유형의 얘기를 주고받으며 낄낄거리는 눈치가 뚜렷했다. 천방지축의 천둥벌거숭이로만 알았다. 그런데 또래끼리 동병상련의 마음이나 아픔을 나누며 나름대로 스트레스를 푸는 모양이었다. 훗날 인터넷을 뒤졌더니 그런 유사한 말장난들이 심심치 않게 쓰레기처럼 가상공간을 떠돌았다.

딴청을 부리며 속내를 드러나게 유도해 봤다. 그랬더니 학교가 자기들을 스트레스 받게 만들기 때문이라는 요지의 대답을 했다.

◫ 나름대로 대안이 있는 말장난일까?

모든 걸 없애면 누가 너희들 공부를 시켜 주느냐고 다시 물었다. 대답이 참으로 엉뚱하고 논리에 맞지도 않았다. 게다가 평소 청와대가 무엇을 하는 곳인지도 모르는 유진이 입에서 도저히 나올 수 없는 얘기가 튀어나와 더덜이 없이 그대로 옮겨본다.

"대통령을 보좌하는 아저씨들이 가르쳐주면 되지."

기가 차서 또 물었다. 너희가 배울 책을 모두 없애면 무엇으로 공부하느냐고 했더니 즉시에 톡 튀어나오는 말은 이랬다.

"재미있는 만화책으로 만들면 되지!"

◫ 그런데 학교야, 지속적인 변화가 필요하지 않니?

아이 얘기의 진실성 여부를 차치하고 벌써 학교가 재미없고, 시험이 싫으며, 교과서가 고리타분하고, 선생님이 꼬장꼬장한 존재로 치부된다면 예삿일이 아니다. 누가 뭐라고 해도 학교는 영원한 배움터이며, 희망이 살아 숨 쉬는 열린 세상으로 꿈을 꾸는 궁전이다.

디지털 문화로 무장 되었다지만 학교가 만에 하나라도 요즘 아이들의 눈높이를 맞추어 진화하지 못한다면 심각한 문제이다. 어린아이들이 악의 없이 던지는 언사에 대해 '모기를 보고 칼을 빼드는 식'의 호들갑을 떨 일은 아니다. 그렇지만 모든 아이를 끌어안지 못하는 모순을 내포한 구석이 없는지 냉철한 자성은 내일을 위해 나쁠 게 없지 싶다.

기말 학력평가

◻ 내일을 위한 돌아봄과 달성 수준 점검

초등학교에 입학한 유진이가 지난 10월 국어·수학·통합교과 등의 3과목에 대해 실시되었던 중간고사에 이어 오늘(2014년 12월 9일) 기말 학력평가 시험이 있었다. 사람이 살아가면서 무슨 일이든지 일정한 과정이나 시간이 지나면 성과를 점검하는 평가는 필연적이리라. 교재를 학교 사물함에 보관하는 까닭에 실물을 자세히 살펴본 적이 없다. 그 대신 시중의 참고서를 구해 대략 교재에 어떤 내용이 담겨있는지 어림짐작하고 있다. 학교에서 알림장에 적시된 시험 범위에 포함된 내용을 요약하면 다음과 같다.

◻ 국어 서술식은 만만찮은 지뢰밭

국어는 '인상 깊었던 일', '이야기꽃을 피워요', '다정하게 지내요' 등의 3개 단원이 시험 범위였다. 여기서 첫 단원은 인상 깊었던 일을 글로 표현하는 과정에서 고려하거나 주의할 사항, 둘째 단원은 동시와 동요, 위인의 업적을 통해 상상력과 창의성의 함양, 셋째 단원은 친구 사이에 배려와 양보를 전제로 한 언행의 본보기를 내용으로 한다. 이들 내용 중에 크게 어려운 부분은 없어도 참고서의 경향을 바탕으로 유추할 때 서술식이 조금 까다로웠다. 그렇다고 뭉뚱그려 얕잡아 봤다가는 뜨거운 꼴 당하기 십상으로 여겨졌다.

수학 스토리텔링 유형 훈련이 필요

수학 역시 3개 단원이 시험 범위였다.

먼저 첫 단원인 '덧셈과 뺄셈(1)'은 두 자릿수의 덧셈과 뺄셈을 내용으로 하고, 두 번째 단원인 '시계 보기'는 시계의 시간을 판독하는 능력을 기본으로 한다. 그러나 세 번째 단원인 '덧셈과 뺄셈(2)'은 더하고 빼는 과정이 하나의 문제에 포함되어 있어 고개를 갸우뚱하게 만들 위험의 소지가 있었다. 또한, 스토리텔링을 바탕으로 하는 문제 자체를 정확하게 이해하는 능력이 전제되어야 풀이과정과 답을 제대로 제시할 수 있다고 여겨져 까다로웠다.

만물박사를 요구하는 통합교과

통합교과 시험 범위는 '추석①', '추석②', '우리나라의 상징'이다. 이 단원에는 가을과 농촌, 자연과 기후변화, 사회적 풍습과 문화, 윤리와 도덕, 역사적 사실과 인물, 동요와 전래동요, 놀이문화, 우리의 국기와 국화(國花), 애국가 따위를 모두 꿰뚫는 팔방미인을 제외하곤 어려워할 과목으로 여겨졌다.

⧉ 시험은 평소처럼, 평소엔 시험처럼

평소 시간이 날 때마다 나름대로 예·복습을 하도록 이끌었다. 그런 까닭에 기말시험이라고 해도 특별한 대응 없이 해당 범위 중에서 어려워하거나 헷갈려 허둥대던 부분을 체크해 두었다가 차분하게 다시 점검해 보도록 일렀다. 하지만 확실성이 없는 상황에서 딸랑 평소에 헷갈렸던 부분만 다시 점검해 보도록 하는 섣부른 대응을 했던 까닭에 내심으로는 불안했다.

⧉ 시험결과를 어떤 쪽으로 해석해야 할까!

추후에 학교에서 통지해 온 결과에 따르면 시험에 포함된 3과목에 대한 1학년 전체 평균점수는 88.8이고, 유진이의 평균점수는 94.7이었다. 따라서 전체 평균점수보다는 약간 높은 점수를 받았으니 지극히 평범한 축에 속하며 친구들과 어울릴 정도가 된다고 여겨져 다행이었다.

아이들의 시험 성적을 보고 느낀 소회이다. 그 옛날에 비하면 천양지차이다. 모두가 높은 점수로 평가됨은 쌍수를 들고 기뻐할 일이다. 하지만 여기에는 첫째로 문제가 너무 쉬워 평가의 잣대가 무르기 짝이 없다는 문제가 있거나, 둘째로 집에서 부모가 아이들을 지독하게 내몰았거나, 셋째로 아이들이 모두 천재에 가까워 나타나는 현상일 개연성이다. 어느 쪽이든 교육의 내일을 위해 그 원인을 따져봐야 할 화두가 아닐까!

Ⅵ. 꿈꾸는 파랑새의 비상

혼이 출장 나간 장난감

박제품의 범람

불과 반세기 전쯤을 회상해 보면 다양한 옷가지를 비롯해 생활용품 거의가 손수 만들었던 수제품이었다. 이제는 바느질용 골무나 어린이 장난감까지도 대량생산되는 공장제품 일색이다. 언제부터 이런 문화가 우리 사회에 만연되었을까?

손주가 성장하면서 원하는 장난감은 헤아리기 어려울 정도로 다종다양했다. 그런데 그들은 한결같이 공장제품으로서 돈으로 해결해야 하는 공통점을 가지고 있었다. 내 어릴 적을 돌이켜 본다. 딱지, 연, 팽이, 제기, 썰매, 활, 물총, 새총, 자치기, 땅따먹기 따위는 자연에서 얻은 재료를 이용하여 손으로 직접 만드는 수제품이었다. 물론 나이가 어린 아이들은 어쩔 수 없어 어른이나 형들이 만들어 주기도 했다. 하지만 초등학교 정도로 성장한 경우는 스스로 만드는 게 불문율이었다.

장난감 자체가 공장의 같은 형틀에서 대량으로 찍어낸 판박이라서 천편일률적으로 단순한 기능을 가졌을 뿐이다. 이런 때문에 장난감에 정성이나 혼이 사라진 박제품만 넘쳐나는 현실에서 누구든 돈만 있으면 동일한 모양과 기능의 장난감을 무진장 사서 놀이에서 강자로 군림하는 것은 떼어 놓은 당상으로 여겨졌다.

⧉ 장난감이 지녀야 할 덕목

장난감은 목표하는 특정 기능이 뛰어나야 하는 것 못지않게 만드는 과정에서 노력과 정성, 시행착오나 실패의 경험, 우여곡절을 겪으며 원하는 장난감을 만드는 성취감 따위는 무엇과도 바꿀 수 없는 소중한 자산이 된다. 같은 딱지를 접을지라도 재료인 종이의 종류가 다르고, 만든 사람의 솜씨나 취향 혹은 숙련도에 따라 판이하게 만들어 내는 즐거움을 터득하게 된다.

⧉ 고가의 장난감이 절대 강자

아파트 놀이터에서 또래의 아이들이 물총 싸움 놀이를 하는 것을 지켜본 적이 있다. 하나같이 공장제품이었다. 놀이가 시작되기 전에 승자와 패자가 이미 정해져 있었다. 기껏해야 천원 안팎의 보잘것없는 물총, 그보다 한 수 위로 보이는 몇천 원대의 소총을 연상시키는 물총, 몇만 원을 훌쩍 넘어설 법한 람보 영화에서 본 듯한 대포 같은 물총 등이 뒤섞여 놀이가 시작되었다. 대포 같은 물총을 가진 아이에게 찍소리 한 번 해보지 못하고 전멸했다. 모든 공장제품의 장난감이 엇비슷한 기능을 가지고 있는 상황에서 놀이를 통해 무엇을 배우고 익힐 것인가!

◫ 장난감에서도 금수저와 흙수저

자칫하다가는 아이들 장난감 놀이에서도 금수저와 흙수저로 나뉠 개연성을 완전히 배제할 수 없다. 왜냐하면 비싼 장난감을 가진 아이가 절대 지존으로 자리매김할 개연성을 우려함이다.

여태까지 손주에게 사줬던 것 중에 생각나는 몇 가지이다. 수많은 레고블록, 자동차, 팽이, 비눗방울, 무선 조종 자동차와 헬기 종류, 공룡, 로봇, 딱지와 다양한 카드(포켓몬, 요괴워치), 게임기, 파워 레인저스 다이노 포스 변신총, 주사위, 윷 따위이다. 이들 대부분이 단순히 스위치를 누르거나 일정한 패턴의 동작을 반복하는 단순 기능을 익히면 만사형통으로 무엇을 추구하는 것인지 헷갈린다.

단순기능에 함몰되어 창의력이나 상상력을 위시해서 도전 정신이나 지혜가 뒷전으로 밀려난다면 아이들의 내일을 위해서 심각하게 고민하고 대응책을 만들어야 마땅한 대응이다.

떠밀려 출발한 일기 쓰기

⧉ 올곧은 자신의 적바림

유진이의 일기 쓰기는 담임선생님이 의무적으로 부과한 일기 쓰기 과제로부터 출발했다(2014년 9월부터). 그래도 거르거나 게으름을 피우지 않고 쓰도록 신경을 쓰며 지켜보고 있다. 왜냐하면, 자기의 경험·생각·느낌 따위를 존조리 남에게 전하는 능력이야말로 누구에게나 필요 충족 요건이다. 이를 머리로는 절감하면서도 대부분 사람들은 소통의 기술이나 능력을 제대로 기르지 못해 시행착오를 겪으며 가슴앓이를 하는 경우가 숱하다. 이런 맥락에서 가능한 일기를 꼬박꼬박 정성 들여 쓰도록 조언하고 있다.

⧉ 무엇을 어떻게 담아야 할까?

지난날 제 아비 형제가 처음 일기를 쓰던 시절 전형적인 일기 형태가 문득 스쳐 지나갔다.

"나는 오늘 ○○을 먹었다. …… 참, 맛있었다. …… 먹고 싶다."

"오늘 ○○와 함께 △△하면서 신나게 놀았다. …… 참, 재미있었다."

위와 유사한 유형의 반복으로 먹거나 놀았던 내용이 태반으로 사고의 범주가 일차원 수준에 머물러 있어 발전 가능성을 찾기 어려웠다. 이런 문제를 훌쩍 뛰어넘어 다양한 주제로 글감을 택해 사고의 폭을 넓히고 높이려고 진력하고 있다. 그렇다고 당장 흠 없는 완전무결의 허황한 꿈을 꾸는 것은 아니다.

첫발을 내딛던 첫 달의 일기 주제로 상당히 다양하다. 어묵, 비, 자전거, 영화 보기, 청량산 등산, 제사, 영화 촬영장, 등교, 인라인 스케이트, 굴밤, 힘든 날, 우정 등산, 피구, 실수, 무기술, 쇼핑, 돌아왔다, 줄넘기, 밤, 비, 현장학습, 샤워, 할머니 안마, 할아버지와 숙제, 서울 가신 할머니, 받아쓰기, 대구탕, 만화책 따위였다.

자기 수련의 길

일기가 아니라도 어려서부터 경험한 내용에 대해 생각이나 느낌을 글로 풀어쓰는 능력은 훗날 상당한 무형의 자산이 된다. 사회생활에서 자기의 뜻을 효율적으로 피력하여 상대방의 공감을 이끌어 내거나 정확히 이해시키는 능력은 인간관계의 성패를 가름하는 열쇠이자 강력한 무기이다. 따라서 글쓰기 훈련은 훌륭한 자기 수련의 길이다. 이런 가치관에 따라 진력하면 자기의 고유한 때깔과 멋을 지니는 출중한 글을 쓰리라는 희망을 가지고 오늘도 일기 쓰기를 옆에서 묵묵히 지켜보며 돕고 있다.

독수리 타법을 닮으려 해서

◫ 닮을 걸 닮으려 해야지

서당 개 삼 년이면 풍월을 읊는다고 했다. 그것도 올곧은 서당의 훌륭한 훈장을 만나야 풍월을 제대로 읊는가 보다. 손주가 할아버지의 얼치기 습관을 넘겨다보다가 아예 닮아가려고 독수리 타법(two fingered typing)을 따라 하는 꼴에 화들짝 놀랐다. 그래서 다짜고짜 정상적인 컴퓨터 조작교육의 배움터로 이끌었다.

내 전공은 컴퓨터이다. 하지만 컴퓨터 자판 조작은 남우세스럽게도 독수리 타법 혹은 쪼는 타법(hunt and peck typing)이다. 그 사연은 이렇다. 컴퓨터가 보급되기 전에는 타자기를 사용했다. 그것도 정식 교육 없이 어깨너머로 타자를 배워 겨우 두 손가락을 이용하는 데 이골이 나 있었다.

그 뒤에 컴퓨터가 처음 보급되던 시절엔 프로그래머와 오퍼레이터를 비롯해 키펀처가 있었다. 그 당시 컴퓨터를 조작하는 역할은 오퍼레이터, 데이터나 프로그램을 천공(punch)하는 작업은 키펀처가 담당했다. 따라서 프로그래머는 프로그램을 개발하는 작업 외에 다른 단순작업은 하지 않았다. 그렇게 편히 지내다가 개인용 컴퓨터(personal computer)가 보급되면서 누구나 키보드를 조작하게 되었다. 그런데 옛 버릇을 버리지 못해 굳어진 습관이 독수리 타법이다. 그래도 지금까지 내가 펴냈던 40여 권의 모든 책 원고를 독수리 타법으로 거뜬하게 해냈다.

⧉ 어깨너머로 배운 처지에 풍월을 읊으려 날갯짓

유진이에게 한 번도 컴퓨터를 켜고 끄는 절차나 나의 아이디(ID)나 패스워드(pass word)를 알려준 적이 없다. 그런데도 내 주위를 맴돌며 놀다가 곁눈질로 익혔던가 보다. 내가 집에 없을 때 고양이처럼 컴퓨터에 파고들어 아이디와 패스워드를 입력하고 인터넷에 접속하여 서핑하거나 원하는 정보를 검색하며 낄낄댔다. 그런데 문제가 발생했다. 하필이면 할아버지의 약점인 독수리 타법을 그대로 빼닮아가고 있었다. 화들짝 놀라 바로 잡아줄 방안을 생각했다.

⧉ 학교의 '방과후 교실'

학교의 '방과후 교실'이 대안이었다. 지난 1학년 겨울방학부터 입때까지(2014년 12월부터 2016년 12월 현재) 월·수·금요일에 한 시간씩 컴퓨터 기초반에서 운지법(fingering)에 따라 키보드를 조작하는 기초에서부터 생활에 유용한 내용을 익혀 고약한 독수리 타법의 늪에서 구해냈다. 요즘 집에서 자신이 필요한 조작을 하는 것을 보면 상당한 수준에 도달해 다행이다. 앞으로도 한동안 컴퓨터 교육을 해 생활에서 요구되는 수준까지 배우게 할

작정이다.

⧉ 어디까지 배워야 하나?

자동차 공학을 모르고 조립이나 해체를 못 해도 능수능란하게 운전을 하면 생활에 아무런 불편이 없다. 컴퓨터에 대해 배운다고 해도 컴퓨터를 만들거나 필요한 소프트웨어를 개발하는 것은 이 분야의 전문가들의 밥그릇에 관한 문제이다. 일반 사용자는 전문가들이 만들어 제공하는 컴퓨터를 자유자재로 조작할 수 있다면 그것으로 족하다. 그와 같은 능력을 바탕으로 일상의 업무를 척척 처리하고 인터넷을 이용해서 필요한 정보를 찾거나 서핑을 무리 없이 할 능력을 갖추면 된다. 대충 그 수준까지가 유진이의 컴퓨터 교육 목표이다.

시험적인 선행학습

금쪽같은 손주를 시험 대상으로

겨울방학에 시간 여유가 있어 초등학교 2학년 1학기에 학습할 국어·수학·통합교과에 대해 시험적으로 선행학습을 시켜봤다. 지난 여름방학에 비해 시간이 넉넉해 아이를 데리고 박물관이나 미술관 관람, 영화관의 영화감상, 백화점 나들이 따위를 시키다가 드디어 다음 학기에 학습할 교과에까지 생각이 닿았다. 그 과정에서 느낀 각 교과목 내용의 요약이다.

'국·수·통' 내용과 느낌

국어 교재는 '아, 재미있구나!'라는 단원을 필두로 모두 11개의 단원으로 구성되어 있었다. 교과 내용은 시 따위에 포함된 흉내 내는 말, 반복되는 말, 한 일과 본 일, 들은 일 등의 생활 밀착형 말과 글을 깨우치고 소통하는 바른 습관 함양을 목표로 한다고 간추릴 수 있었다.

수학 교과서는 세 자릿수, 여러 가지 도형, 덧셈과 뺄셈, 길이 재기, 분류하기, 곱셈 등의 6개 단원으로 구성되어 있었다. 전반적으로 무난한 내용으로 편성되어 있었다. 하지만 스토리텔링을 근간으로 논리에 따라 서술식 원리를 적용해야 할 영역은 기본적 취지를 깨우치지 못한다면 따라잡기 어려워 보였다. 하지만 미지수가 포함된 문제를 푸는 원리나 스토리텔링 개념을 전제로 하는 분야는 단계적 접근이 필요했다. 그런 까닭에 그 기본적 원리나 전개 과정에 대한 교육은 일선의 선생님들에게 지워진 쉽지 않은 짐으로 여겨졌다.

통합교과는 2학년 어린이들에게 벅찬 교과목으로 보였다, 유진이와 함께 학습을 해나가면서 곳곳에서 내용을 이해시키기 위해 정독이 필요했는가 하면 수시로 인터넷에서 정보검색이 필요했다. 나·봄·여름·가족이라는 4권의 책으로 구성된 교과목 내용은 한 지붕 네 가족을 연상시킬 뿐 아니라 난해해서 완전히 소화하려면 상당한 반복 학습이 필요하지 싶었다.

◫ 선행학습을 밀어붙인 이유

어린아이들에게 선행학습은 무리라는 비난과 힐책이 따를 개연성이 다분하다. 다양한 관점에서 좌고우면하다가 한 학기 앞서 대략적인 내용에 대해 선행학습이 정규교육 과정에 어떤 영향을 미칠지 면밀하게 관찰하여 앞으로 아이를 지도할 참고자료로 사용할 생각이다.

결코, 단순한 공붓벌레를 겨냥한 조치가 아니다. 옛말에 '콩 심은 데 콩 난다.'는 뜻으로 종두득두(種豆得豆)라 하지 않던가! 과연 그럴지 지켜볼 요량이다. 겨울방학 동안 선행학습 과정에서 집중을 하지 않던 아이에게 야단을 몇 차례 친 경우가 있었다. 하지만 큰 무리 없이 소화했던 점을 명확히 기억하고 그 또한 참고 자료로 삼을 참이다.

신 학년 부적응

분주한 새 틀 짜기

새 판에 얼개를 엮어 뼈대를 구축하고 틀을 완성하려는 모습이 완연하다. 개학 다음 주부터 '기초학습 진단평가'를 필두로 교과목별 간이 평가가 이어졌다. 이는 아이들의 수준을 정확히 판정하여 교과교육의 방향과 방침 기초자료 수집을 위해서 피할 수 없는 과정일 것이다. 하지만 아이들은 2학년으로 진급하고 새로 마주한 교실·선생님·친구들과 적응하려고 나름대로 헤매는 눈치가 역력하다.

개학 2주째 국어·수학 과목에 대한 '기초학습 진단평가'가 있었던 모양이다. 전혀 눈치를 못 챘었다. 그런데 집으로 평가 결과가 통보되었다. 두 과목 모두 각각 100점 만점으로 도달 점수 하한을 60점으로 평가한 결과에 따르면 유진이는 "도달"로 평가되었다는 안내였다. 그 외에도 연이어 개별 교과목에 대해 간이 평가를 실시한 시험지를 수시로 보내 틀린 문제를 정정해오라는 숙제가 부과되었다.

시험에서 오답의 원인

평소 국어나 수학 교과서에 나오는 내용을 막힘없이 이해하고 풀어나갈 수준이라고 생각되어 개학 이후 철저히 방임한 상태였다. 그런데 시험에서 틀린 문제들을 살펴본 결과 가장 초보적인 분야에서 답을 쓰는 과정에서 정확한 표기법을 익히지 못해 오답으로 처리된 경우와 문제를 정확히 읽지 않아 발생한 경우가 대부분이라서 무척 놀랐다. 그에 따른 대응책을 하나하나 유형별로 조곤조곤 알려주어 실수를 되풀이하지 않도록 했다. 실수를 한 몇 가지 예이다.

국어에서는 이런 유형의 실수였다. 첫째로 "……에 알맞은 것을 모두 고르세요"라는 문제에서 "모두"를 건너뛰어 읽었기 때문에 답을 한 개만 씀으로써 오답으로 처리된 경우였다. 둘째로 "……이 아닌 것은 무엇인가?"라는 문제에서 "아닌"을 제대로 읽지 않아 엉뚱한 것을 답으로 고르는 실수였다.

수학의 경우이다. 첫 번째 유형은 다음과 같이 극히 초보적인 문제를 정확히 읽어보지도 않고 대충 답을 써버렸다고 판단되는 문제이다.

"시공초등학교에는 남학생이 168명이고, 여학생이 143명이 다닙니다. 남학생과 여학생 중에 어느 쪽 학생이 더 많이 다닙니까?"

어이없게도 답을 "여학생"이라고 써서 틀렸다. 절대로 이런 내용의 문제에서 많고 적음을 헤아리지 못할 정도가 아니다. 문제의 앞부분만 적당히 읽고 무조건 답을 쓴 것이다. 그 뒤에 대충 한 달에 걸쳐 아이에게 유사한 문제를 제시했을 때 한 번도 망설이거나 오답을 했던 적이 없었다. 수학에서 두 번째 실수의 유형이다.

"규칙에 따라 수를 나열한 것입니다. □안에 알맞은 수를 써넣고 규칙을 찾아 쓰시오"

155 - 205 - 255 - 305 - □ - 405

위 문제에서 '50씩 커지는 규칙'을 정확하게 파악하여 □안에는 "355"를 써넣었다. 이렇게 정확히 □속에 답을 기재했다면 '규칙을 기재하는 답란'에 당연히 '50씩 커지는 규칙'이라고 쓰는 게 정상이다. 그런데도 뚱딴지같이 '15씩 커지는 규칙'이라고 적어 넣음으로써 보기 좋게 틀렸다. 그렇게 썼어도 사실은 절반은 맞았는데 말이다. 왜냐하면 □속에 '355'를 정확하게 쓰지 않았는가?

⧉ 실수의 원인 유추

이런 일련의 실수는 지난 겨울방학에 했던 선행학습이 시건방지게 만든 꼴인지 아니면 평소 신중치 못한 성격 땜에 발생한 신학년 부적응 증상인지 선불리 결론짓기 어렵다. 어찌 되었든 반드시 시정되어야 할 현상임이 틀림없어 나름대로 바로 잡도록 충분히 도움말을 해줬다. 그렇다고 아이를 점수 벌레로 만들고픈 마음에 들볶는 것은 아니다. 게다가 무모한 욕심은 화를 부르고, 끝없는 집착은 죄를 낳게 마련이라고 하지 않던가! 사람이 살면서 마음을 비우거나 내려놓아야 함을 일깨우는 지혜를 말함이다.

학부모 면담을 하며

⊡ 선생님이라는 거울에 투영된 내 손주 모습

유진이가 입학한 뒤에 세 번째 학부모 면담을 했다. 면담에 임할 때마다 선생님이라는 거울을 통해 투영된 내 손주의 또 다른 숨겨진 모습이 어떤 게 있을까 한껏 기대를 안고 집을 나선다.

집에서 나타나지 않았던 행동이나 버릇을 선생님이 족집게처럼 짚어 내면 내게는 왜 그런 혜안이 없었을까 하는 생각이 들기도 한다. 그뿐 아니라 활달했다거나 자신에 찬 모습이 돋보인다는 얘기를 들을 때 공연히 어깨에 힘이 들어가고 우쭐해진다.

디지털 문화를 실감하는 단면이다. 얼마 전 가정 통신문을 통해 학부모 면담 신청을 받았다. 신청 방법은 부모의 사정에 따라 대면(對面 : face to face) 면담, 휴대전화 면담, 이메일(e-mail) 면담 등의 3가지 중의 하나를 택하도록 했다. 나는 대면 면담을 신청해 만우절 날(2015년 4월 1일) 했다.

⊡ 총론에서 각론으로 면담을 이끄는 선생님

지난해보다 변했을 교실 분위기를 비롯한 아이들의 심리적 상태나 가치관의 정립 과정에서 돌출하게 마련일 사연들을 잔뜩 엿

듣고 싶은 심정으로 선생님을 찾아갔다. 상당한 교육 경력을 쌓았을 법한 초면의 담임선생님(박순덕 선생님)은 학부모가 궁금해하는 바를 족집게처럼 짚어내 궁금증을 풀어 주었다.

총론부터 들려주는 화법을 택했다. 학교생활에 아무런 문제 없이 잘 적응하고 있다고 해 안심하라는 요지였다. 하지만 각론에 이르러 한두 가지 문제를 지적했다. 상당히 내성적인 성격임에도 친구들과 어울려 지나치게 나대다가 주의를 받았다든지, 친구 중의 하나가 모욕적인 언사인 "바보"라고 했다고 다툰 적도 있다는 얘기였다. 이 중에서 후자의 경우 당연한 반응이 아닐까? 친구들 행위에 무르게 대처함으로써 만만장이로 낙인찍혀도 과연 문제가 없을지 의문이다. 그렇지만 어떤 이유든 친구와 다툼이나 싸움은 하지 않아야 한다는 관점에서 주의였으리라.

◻ 화자(話者) 보다는 청자(聽者)의 입장 견지

상담과정에서 대부분의 시간을 선생님의 교육철학, 지도 원칙과 방침, 유진이를 살펴본 느낌 등에 대해 경청하는 태도를 견지했다. 선생님 말씀을 듣고 난 뒤였다. 참고가 될 사항을 A4용지에 간략하게 몇 줄 인쇄해 가서 그를 바탕으로 얘기를 나눴다. 아무리 선생님이라고 해도 나이 차가 많이 나는 젊은 분 앞에서 중언부언하는 결례를 범하지 않을 요량에서 그리 준비했었다.

◫ 정장을 하고 언행에 유의해 예를 갖춤

사랑하는 내 손주의 담임선생님 앞이기에 정장을 하고 언행에 유의해 예의에 어긋나지 않도록 신경을 썼다. 면담 며칠 전 유인물로 모든 학부모에게 알려왔다. “면담 길에 필히 빈손으로 오시라”고 말이다. 그래서 음료수 한 병도 준비 없이 빈손으로 다녀왔다. 야박한 노인네라고 허물하지 않으리라. 청정한 학교문화 정착을 위해 노력하는 다부진 결기를 지켜보며 우리 교육의 희망을 엿보는 것 같아 무척 고맙고 하무뭇했다.

우정의 밤

활동 반경의 확장과 독립심 함양

유진이가 성장하면서 가정이라는 울타리 밖 세상의 인심과 법도를 익혀 주고픈 마음에 하루치기 행사 참여를 비롯해 바깥에서 잠을 자고 돌아오는 행사도 빠지지 않고 참석시키려 한다. 그런 이벤트를 통해 친구들과 서로 돕거나 공존하는 법도를 스스로 깨우치며 점차 외연을 넓혀 나갈 수 있을 것이다. 또한, 그 과정에서 닥치게 마련인 어려움이나 문제를 해결할 지혜를 터득하여 정신적으로 독립된 인격체로 거듭나길 바라는 마음 또한 적지 않다.

도반들과 밤을 지새우는 이벤트

세 해째 수련을 하는 태권도장에서 저녁 무렵에 수련생들이 모여 하룻밤을 함께 지내고 이튿날 오전에 귀가하는 '우정의 밤' 행사를 위해 조금 전(2015년 4월 3일)에 행사장으로 데려다주고 왔다.

그동안 태권도장에서 계절에 따라 눈썰매장, 수영 교실, 줄넘기 교실, 피구 특강 등을 무료로 개최하여 다양한 경험을 쌓도록 배려했다. 이날 행사도 동문수학하는 도반들이 하룻밤 함께 부대끼면서 서로를 이해하며 공존하는 방법을 배우기 위해 개설했다는 부연 설명이다. 무료행사로서 준비물은 저녁 도시락, 간식, 침낭(슬리핑백) 세면도구, 필기구 따위였다.

일단 참가를 결정하고 나니 필수품인 침낭이 문제였다. 하루 전 제 할머니가 백화점 캠핑용품점을 뒤져 침낭을 사 왔다. 첨단 소재여서 둘둘 말아 전용 백에 넣으면 부피도 적고 가벼워 어린아이에게 안성맞춤이었다. 게다가 지퍼를 열고 들어가서 다시 닫으면 되기 때문에 간편하고 안전해 어린아이들이 사용하는 데 무리가 없어 보였다.

⧉ 강인한 정신, 슬기로운 어린이

따지고 보면 초등학교에 진학한 뒤에 처음으로 집 밖에서 한뎃잠을 자면서 친구들과 어울리는 행사이다. 첫술에 배부를 리 없을 게다. 시나브로 맞이할 비슷한 기회를 통해 활동 영역을 넓히며 강인하게 성장하는 지혜를 터득하길 염원한다. 먼 내일을 생각할 때 어른들의 보호막 속에 곱게 자란 연약한 화초는 바람직하지 않다. 그보다는 어렵고 힘든 일이 닥쳐도 스스로 견뎌내는 야생초같이 강인한 생명력과 경쟁력을 지닌 어린이로 성장하길 원하는 마음에서이다. 맘으로는 이처럼 드높은 이상적인 요원한 꿈을 꾸고 있다. 하지만 매일 밤 여러 차례 차낸 이불을 끌어다 덮어줘야 하는 현실이 자꾸 떠오른다. 이런 상황에서 오늘 밤 탈 없이 보내고 내일 웃는 낯으로 귀가할 것인지 걱정이 꼬리를 물어 좌불안석인 내가 과연 정상일까!

손주가 주는 용돈을 받으며

⧉ 뜬금없는 막무가내의 주문

어제(2015년 4월 18일) 아침 서울 나들이를 위해 현관문을 열고 나서려고 할 때였다. 유진이가 황급하게 외쳤다.

"할아버지, 잠깐만!"

"왜?"

"또다시 무조건 잠깐만!"

이라고 외치고 방으로 들어갔다. 꿍꿍이 속셈을 알 길 없을뿐더러 웬 수선인가 싶어 엉거주춤 현관문을 한 손으로 잡고 우두커니 서 있었다. 얼마나 시간이 지났을까?

⧉ 이럴 때 정말 행복해!

방에서 나오면서 대뜸 눈을 감으라고 했다. 순간적으로 뚱딴지같이 무슨 해괴한 수작일까 하는 의구심이 들었다. 하지만 꿍꿍이속을 짚어 낼 재간이 없어 잠자코 따랐다. 내게 다가오더니 와이셔츠 주머니에 무언가를 쑤셔 넣고 능청스럽게 손으로 다독였다. 그리고 눈을 뜨라며 내뱉는 얘기가 상상을 초월했다.

"할아버지! 오늘 서울 가서 배고프면 맛있는 것 사 먹어."

"뭔데?"

"응! 내 용돈 중에서 만 원을 할아버지 쓰라고 주는 거야……."

"유진아! 할아버지 돈 있단다."

"그래도, 내가 주는 거야!"

"순간 명치끝이 뭉클하고 코끝이 찡했다!"

"언제, 아이가 이렇게 컸을까?"

⊡ 측은지심일까! 성품일까!

겨우 아홉 살 손주가 먼 나들이에 나서는 백두옹의 할아버지가 배고플지 모른다는 생각을 하게 된 이면에는 두 가지 가정이 가능하리라. 첫째로 빈한하다고 각인된 할아버지에 대한 측은지심(惻隱之心)이나 둘째로 아이의 다정한 성품에 연유했을 것이다. 어느 쪽이라도 상관없다. 자고로 '고슴도치도 제 새끼는 함함해 보인다'고 하지 않던가! 하물며 이런 기특한 손주가 미쁘지 않을 수 없다.

할아버지를 생각하는 손주의 애틋한 마음과 달리 어제 서울 나들이는 고속버스 연착으로 중간에 쉬면서 차 한 잔 마실 여유가 없었다. 그 때문에 점심은 아예 거른 채 겨냥했던 문학 행사에 빠듯하게 시간 맞춰 얼굴을 디밀었다. 공식행사를 끝낸 뒤에 서둘러 저녁 식사를 하고 잠시 숨을 고르다가 심야 고속버스로 귀가했다.

◫ 고희의 처지에 뻔뻔한 손주 자랑

손주가 보여준 행동에 감동을 많이 받아 온종일 가슴이 따뜻했고 마음이 훈훈해 점심을 걸러도 배고픈 줄 몰랐다. 아이의 행동을 떠올릴수록 코끝이 시큰하고 뭉클한 감정을 문학 행사 자리에서 더덜이 없이 곧이곧대로 자랑하고 싶어 능치거나 입을 다물 수 없었다. 마침 행사장에서 축사를 부탁했다. 이때다 싶어 공식적인 축사를 하기 전에 손주가 내게 만 원을 주며 나눴던 얘기를 여러 문인 앞에 털어놨다.

눈물겹도록 고맙고 흐뭇해서 그 돈을 쓰지 못했다. 집에 돌아와서 손주의 용돈 지갑에 슬쩍 찔러 넣었다. 언제나 죽이 척척 맞는 찰떡궁합을 자랑할 수 없을지 몰라도 우리 사이는 떼려야 뗄 수 없는 그 무엇으로 이어져 있다. 이는 조손의 동행이라는 삶에 살가운 정의 여울이 더욱 넓고 깊어져 가고 있음의 방증이지 싶어 흐뭇하고 미쁘다.

손주가 건넨 카네이션

무심한 두 아들과 대조적인 손주

"할아버지! 내일이 어버이날이야?"

"응! 그래!"

"그럼, 카네이션 사야겠네?"

"왜?"

"할아버지와 할머니 드려야지!"

"내일 큰아버지나 우리 아버지가 사오겠지?"

"글쎄다!"

"만일 아무도 사오지 않으면 내가 사올게."

"내가 낮에 학원 옆 하버드 문구에서 카네이션 꽃 봐 두었거든."

"응! 그렇게 하려무나."

라고 무심코 대답했었다. 어제(2015년 5월 7일) 태권도장을 다녀온 유진이와 주고받은 대화이다. 그 사실을 까마득하게 잊고 있었다.

수신인이 바뀐 카드

오늘 낮에 학교에서 돌아와서 수업시간에 만든 감사의 카드를 슬며시 내밀었다. 거기에는 이렇게 쓰여 있었다. 수신이 제 부모라거나 문법적 오류를 비롯해 어설픈 구석을 깡그리 무시한 채 카드 내용을 그대로 옮긴다.

"MOM and Dad I love
절 태어나게 해 주셔서 감사합니다.
절 사랑해 주셔서 정말 감사합니다.
저를 건강하게 키워 주셔서 감사합니다.
건강하세요."

어제 눈여겨봐 둔 카드를 사기 위해

학교에서 돌아와 조금 쉬다가 학원에 가면서 자기는 천 원짜리 돈이 없으니 2천 원만 빌려 달라고 했다.

"무얼 하려고?"

"어제 얘기했잖아!"

더 묻지 않고 퇴계 존영이 새겨진 지폐 두 장을 건넸다. 내게서 돈을 건네받으며

'할아버지에게 빌렸으니 갚아야지!'

라고 했다. 그리고 제 용돈 지갑을 찾아와서 신사임당을 새긴 지폐 한 장을 꺼내더니

'그동안 빌린 거 갚는 거야'

라며 디밀었다. 한사코 사양했다.

‘용돈은 잘 보관했다가 꼭 필요한 것 살 때 써야 한다.’

라고 일렀다. 알았다며 학원으로 가면서

‘할머니에게는 비밀이다.’

라고 했다. 그 취지는 할머니에게 어메이징 이벤트(amazing event)를 하겠다는 의도이었으리라. 그러마 하고 시원스레 다짐해 주었다.

◫ 응석받이가 건네는 카네이션의 감동과 환희

우리 내외는 저녁 식사 자리에서 유진이로부터 카네이션 한 송이씩 받아들고 가슴이 뭉클하고 코끝이 찡해 쩔쩔매며 허둥댔다. 너무도 고맙고 기특해서 나와 아내는 할 말을 잃은 채 아이를 꼭 껴안았다.

응석받이에 지나지 않을 아홉 살이다. 어버이날에 제 큰아버지나 아비가 카네이션을 사 오지 않으면 자기가 대신하겠다는 생각을 어떻게 했을까? 만약의 경우를 대비해서 하루 전에 문방구에서 카네이션을 팔고 있다는 사실과 가격까지 확인해 두는 철저한 성격은 어른들로 따라 하기 힘든 일이다. 게다가 할아버지에게 천 원짜리 지폐를 얻어서 산다는 사실이 편치 않았었나 보다. 그래서 자기 용돈에서 5만 원권 한 장을 내게 선뜻 건네는 똑 부러지는 셈법은 아무리 생각해도 영특하고 미쁘다. 그런 손주가 베푼 잔풀호사로 이번 어버이날은 흐뭇하고 행복했다.

“유진아! 사랑한다. 그리고 네가 있어 자랑스럽고 든든하단다.”

푸른 오월에 딸기농장 체험

신기한 세상 경험과 소풍

유진이가 오늘(2015년 5월 9일) 딸기농장 체험을 하고 돌아왔다. 산청의 재배 농가를 찾아가 직접 딸기를 따 먹으며 상당한 양을 집으로 가지고 왔다. 태권도장에서 주관하는 이벤트였다. 산청의 딸기농장까지는 얼추 2시간 소요되는가 보다. 9시 무렵에 출발했는데 11시쯤에 농장에 도착했다고 태권도 관장의 메시지가 아내의 휴대전화로 왔었단다. 잘은 모르지만 대략 20명 남짓한 어린이들이 참여하여 오가는 길에 게임도 즐기는 소풍이나 가벼운 나들이 엇비슷한 분위기였지 싶다.

아이들은 하우스 안에서 탐스럽게 익어 빨간 딸기를 직접 따서 실컷 먹으며 즐기는 경험을 만끽했던 모양이다. 생전 처음으로 따보는 딸기가 신기했고 맛도 상상 이상으로 뛰어났었나 보다. 그리고 냇가에 돗자리를 펴고 둘러앉아서 앞앞이 가지고 갔던 점심을 나눠 먹은 다음에 냇물에 들어가서 물놀이를 하면서 송사리 같은 물고기도 잡았다고 했다.

⊞ 미지의 세상을 향한 진취적 기상을 염원하며

오후 4시쯤에 현관문을 열고 들어서며 히죽거리는 모습을 보고 깜짝 놀랐다. 가방을 양어깨에 메고 손에는 집에서 가지고 갔던 플라스틱 통에 딸기를 가득 담은 것에다가 세숫대야 같은 플라스틱 그릇 두 개를 맞물려 흘러넘칠 정도로 담은 딸기를 들고 쩔쩔매면서도 싫거나 지친 기색은 없었다. 참가한 모든 아이에게 그렇게 많은 딸기를 주면 농장 주인이 크게 손해를 볼 것 같다는 오지랖 넓은 걱정이 앞섰다.

올해 들어서면서 정해진 틀을 살짝살짝 벗어나는 경험을 조금씩 맛보도록 은근히 내몰고 있다. 시나브로 주어지는 기회를 통해 생소한 세계를 넘겨다보며 새로운 지식이나 문리를 터득하고 서서히 행동 반경을 넓혀나가길 바라는 마음을 담은 계산된 시도이다. 하지만 겨냥하는 대로 긍정적인 효과가 나타날 것인지 확신할 수 없다. 그래도 이와 흡사한 경험을 쌓을 기회가 주어진다면 망설임 없이 참여시켜 미지의 세상을 향해 긍정적으로 마음을 여는 진취적인 성격으로 성장토록 이끌어 나갈 참이다.

마산 연안 크루즈 체험

🗗 촌놈, 생애 첫 승선기(乘船記)

유진이의 여름방학 숙제 중의 하나가 가족여행이다. 그런데 그걸 실행에 옮기기 어려워 차일피일 미루며 어정쩡한 태도를 보이다가 결국은 마산 연안 크루즈 여행으로 대신하기로 하고 입추(2015년 8월 8일) 날 길을 나섰다.

마산항 제2부두를 출발하여 마산만의 입구쯤에 해당하는 막개도를 지나 한참 내 닫다가 진해 쪽 남도와 모도 해상쯤에서 크게 반원을 그리며 회항해 되돌아오는 1시간 30분 여정이다. 마산 연안 크루즈 여행은 어찌 보면 심심할 만큼 단조로운 풍경인 듯해도 아기자기한 섬과 해안이 어울려 새록새록 정이 가는 뱃길이다.

🗗 만만찮은 사전 준비

크루즈에 나서기 며칠 전부터 유진이가 의문스러워 질문할 내용을 예상해 꼼꼼하게 준비했다. 소소한 잡학의 영역은 물론이고 과학적인 부문까지 두루 자료를 살펴야 했다. 그런 때문에 마산항의 역사를 위시하여 지리적 특수성, 여름의 적조 발생 원인까지 광범위하게 인터넷이나 책을 비롯한 각종 자료를 들춰가며 챙겼다. 며칠 고생을 톡톡히 했던 때문에 별 탈 없이 응답을 했던 꼴이기에 면이 깎이지 않은 것 같아 다행스럽다.

촌놈 유진이는 배를 처음 타기 때문인지 흥분된 속내를 드러내거나 달뜬 목소리를 숨기려 들지 않아 언행이 평소와 사뭇 달랐다. 사방을 부지런히 둘러보며 열심히 이것저것에 대해 질문을 쏟아냈다. 두산중공업, 제5부두, 돝섬, 가포신항, 마창대교가 순식간에 스쳐 지나갔다. 한동안 바다의 수면을 응시한 채 미동도 하지 않던 유진이가 적조현상으로 붉어진 바닷물과 해군이 띄워 놓은 빨간 부표에 대해 특별한 관심을 보여 자세히 설명해 주었다.

⧉ 마구잡이 선상 방담

유진이의 질문에 도란도란 답을 하다 보니 어느결에 오른쪽으로 막개도라는 작은 바위섬이 나타났다. 언제 봐도 이 섬에 세워진 원형탑 모양의 하얀 등대는 퍽이나 인상적이다. 이 지점 언저리에서부터 마산 항구까지가 마산만이다. 다시 말하면 바깥 바다에서 들어올 때 여기에서부터 마산만의 시작이라는 의미이다. 이런 사실을 들려주는데도 손주는 개가 머루를 먹듯이 엄벙덤벙 고개를 끄덕이며 스리슬쩍 넘어가는 게 확연했다. 막개도를 지나 한참을 달리던 크루즈 유람선이 왼쪽으로 크게 원을 그리며 180도 회전하여 출발지로 회항할 채비를 했다.

⧉ 예기치 못한 횡재, 잠수함과 조우

귀항을 위해 뱃머리를 돌리며 진해 쪽으로 남도와 모도가 저만치 아른거렸다. 그들 섬 부근으로 눈을 팔다 보니 해군 잠수 특전사령부 담당 지역 부근을 지나는 중이었나 보다. 빨간 부표가 일렬로 늘어선 저쪽 해안의 해군 접안시설에 살짝 모습을 드러낸 시커먼 잠수함 두 척은 유진이를 위한 화룡점정(畵龍點睛) 격이었다.

비록 무더운 여름임에도 유진이의 '가족여행 여름방학 숙제'는 바다에 대해 여러 가지를 배웠을 법하고 또한 즐거운 나들이였으리라. 선착장으로 돌아와 하선하면서 유진이가 던지는 첫 마디가 다음에 또 오자는 얘기였다. 내 생각에 쉽지 않은 제안이라서 못 들은 척하고 귓등으로 흘렸다.

봄과 산채

사부작사부작 봄을 여는 소리

유진이가 봄에 무척 민감하다. 아이가 감지하는 봄의 전령은 밥상에 오르는 푸성귀이다. 실제 계절의 봄보다 한발 앞서 밥상에 오르게 마련인 냉이나 달래 쑥 같은 봄나물이 눈에 띄면 곧바로 산에 가서 산채(山菜)를 뜯자며 방방 뛴다. 그들 봄의 전령 대부분은 따뜻한 남녘이나 하우스에서 재배되었다는 사실을 올곧게 깨우치지 못한 주제인 까닭에 막무가내로 산과 들로 나서자며 뻗대는 꼴이 되레 귀엽다.

건강 이상 경고 나팔에 휘청대다 이른 봄을 놓쳤다. 그동안 산에는 생강나무 꽃이 피었다가 지고 진달래가 활짝 피어나 울긋불긋 화사한 꽃의 향연을 펼치고 있었다. 진달래가 시들기 전에 흐드러지게 핀 꽃을 보여주고 싶었다. 그래서 지난 토요일(2016년 3월 26일)엔 수영장 대신 청량산 진달래가 펼치는 꽃동산의 울긋불긋 향연의 현장으로 이끌었다.

홑잎에 홀린 동심

진달래꽃에 취하여 흥얼거리다가 일찍 잎이 돋아난 양지 녘의 연둣빛 홑잎을 발견하고 언뜻 지난해 경험이 떠올랐던 모양이었다. 한사코 오늘 홑잎 나물을 따다가 반찬으로 해 먹자고 졸랐다. 아직 잎이 덜 피어 따기 어려운 상태임에도 막무가내의 주장을 온새미로 외면하며 내칠 수 없었다. 원래 홑잎나무는 화살나무(wind spindle tree)라고도 한다. 나무 모양이 화살처럼 특이하게 생겨 귀신을 쫓을 수 있다는 생각에서 '귀신을 쏘는 화살'인 귀전우(鬼箭羽)나 신전목(神箭木)이라고도 부른다.

⧉ 자생지 군락을 찾아

청량산 정상을 지나 덕동 방향으로 능선 길을 10여 분 걸어가면 홑잎나무가 군락을 이룬 텃밭을 떠오르게 하는 자생지가 있다. 그곳에 도착하여 홑잎이 돋아난 상황을 살폈다. 극히 일부를 제외하곤 손을 댈 수 없을 정도로 이제 겨우 돋아나기 시작했다. 그럼에도 불구하고 유진이의 간곡한 청을 거역할 상황이 아니라서 조금이라도 따보기로 했다. 얼추 삼사십 분가량 나무에 매달렸음에도 어른이 거머쥐면 한 주먹 남짓할 정도였다. 그 정도 양이면 데쳐서 무쳐도 유진이 혼자서 두세 번 먹지 싶어 욕심 부리지 않고 끝내기로 타협했다.

⧉ 산채(山菜)를 선호하는 연유

몇 년 전부터 이른 봄이면 들녘에 나가 쑥을 뜯는 체험을 해왔었다. 그렇지만 산에 가서 산나물을 캐거나 따는 체험은 지난해

봄에 처음으로 접했다. 그런데 유진이는 산채 중에서 유독 홑잎나물을 선호한다. 지난 토요일 겨우 한 주먹 남짓한 홑잎을 땄을 뿐인데 천하를 얻은 영웅호걸이 부럽지 않은 눈치였다. 그러면서 자기는 홑잎 나물을 직접 따다가 먹을 수 있어서 이 세상에서 가장 행복한 아이라는 말에 어이가 없었다.

어린아이가 약간 씁쓰레한 홑잎나물에 푹 빠져 마니아(mania)로 변신한 속내를 가늠해 볼 재간이 없을 뿐 아니라 천연기념물같이 희귀한 존재로 여겨져 마냥 신기하다. 그래도 확실한 자연공부인데 그게 어디인가!

빗나간 독감백신 접종

⧉ 모가 아니면 도

소아건강수첩에 기록된 바에 따르면 유진이가 여태까지 접종했던 독감 백신은 11회이다. 그동안 백신의 효험을 톡톡히 본 셈이었다. 그런데 초등학교 3학년인 올해(2016년) 봄엔 접종한 백신과 종류가 다른 유형의 독감에 걸려 학교에 결석을 하는가 하면 여러 날 된통 앓다가 이제 겨우 정상으로 접어들고 있다.

⧉ 주기적 고열 반복과 기침

지난 일요일(2016년 4월 3일) 새벽부터 감기와 높은 고열로 유진이가 밤잠을 설치며 수월찮은 고생을 했다. 그래서 월요일 학교 수업을 마치고 돌아오는는 즉시 단골로 다니던 병원 중의 하나인 최이비인후과에 데리고 가서 진료받고 약 처방을 받아와서 먹였다.

처방된 약을 먹이고 주의 사항도 열심히 지켰는데 상황은 원치 않는 방향으로 치닫고 있었다. 일요일 새벽 2시경에 첫 번째로 심한 고열(38.5도를 훌쩍 넘음) 증상이 나타나 해열제를 먹이고 얼음찜질을 병행하여 열을 다소 떨어뜨리는데 1시간 이상이 걸렸다. 그 이후에도 대략 6시간을 주기로 고열에 기침이 심해서 화요일 학교에 조퇴를 시키고 서울아동병원에 가서 주사와 링거를 맞고 약을 처방받아 지시대로 먹였다.

◻ 첫 번째 검사는 독감 아님 판정

그래도 차도가 없어 수요일 다시 병원을 찾아 똑같은 치료를 받으며 독감 여부의 검사를 받았다. 아직까지는 독감은 아니라는 판정이 나왔다. 하지만 독감 초기에는 독감으로 나타나지 않을 가능성 때문에 추후 변화를 조심스럽게 지켜봐야 한다는 의사의 소견이었다. 만일 내일인 목요일에도 고열이 심하면 즉시 병원으로 와서 다시 독감 검사를 받아야 한다고 일렀다.

◻ 두 번째 검사에서 독감으로 판정

목요일(4월 7일) 정상으로 보여 학교에도 무사히 다녀와서 학원 수업까지 마치고 조금 전에 돌아왔다. 그런데 오호통재라! 정상이 아니다. 이제 감기와 고열이 아이에게 항복을 받아내려는 듯이 막무가내로 점령군처럼 덤벼들었다. 서둘러 아이를 데리고 병원으로 달려가서 다시 독감 검사를 했는데 유감스럽게도 결과는 독감으로 판정 났다.

◻ 자가 격리와 등교 정지

법정 전염병이기 때문에 다 나을 때까지 격리조치를 해야 하므로 등교가 불가능하단다. 따라서 결석시켜야 한다는 얘기였다. 오늘 독감 치료제인 한미플루(Hanmi Flu Capsule 30mg) 닷새 분을 처방받아왔다. 매일 아침과 저녁으로 2정(錠)씩 복용해야 하는 관계로 모두 20정이다. 한편 아이가 너무 지쳐 기운을 잃으면 내일 중에 내원하여 링거를 맞춰야 한다고 조언했다. 아울러 모레인 토요일(4월 9일)에는 반드시 다시 병원을 찾아와 중간 점검을 받아야 한다고 했다. 독감으로 판정을 받은 뒤에도 일주일 정도 끙끙 앓으며 끌탕을 치다가 제20대 국회의원 선거일(2016년 4월 13일) 다음 날에 겨우 다시 등교하기 시작했다.

열 살의 생일에 부쳐

오늘(2016년 4월 23일)이 올해 초등학교 3학년으로 열 살에 접어드는 유진이의 생일이다. 태어난 직후부터 우리 부부의 품에서 자란 때문에 더 더욱 감회가 새롭다. 여느 아이들처럼 때로는 감기나 고열로 날밤을 꼬박 지새우며 애간장을 태우기도 했지만 모진 병마나 험한 사고 없이 건강하고 반듯하게 자라준게 가장 큰 축복이다.

유진이가 없는 우리 집을 상상해 본다. 할아버지와 둘이 사는 집안은 늘 쥐 죽은 듯이 고요적적하기 짝이 없을 것이다. 원래 할아버지는 그다지 말을 많이 하는 편이 아니지. 대개는 이심전심의 눈짓이나 감으로 동감하거나 수용하는 쪽을 선호하는 편이란다. 따라서 하루 종일 우리가 나누는 대화는 기껏해야 몇 마디에 지나지 않는다. 이런 터수이기에 유진이가 아니었다면 집안은 심산유곡에 자리 잡은 절 집의 경내처럼 정적에 싸여 착 가라앉았을 터이다. 이런 집안에 너는 태양의 빛 같은 존재이다

우리 집의 하루는 너로 시작하여 너로 마무리 된단다. 아침에 너의 잠을 깨워 등교시키기까지는 촌각을 다투며 동동대며 블당을 하는 줄다리기 시간이지 싶다. 네가 학교에

간 사이 우리 집 시계는 언제나 잠박잠박 존단다. 그러다가 학교에서 돌아오는 너를 학원이나 태권도장으로 떠밀지. 하루를 정리할 저녁이면 텔레비전이나 컴퓨터와 놀고 싶은데 숙제나 일기쓰기 때문에 갈팡질팡 하는 네가 안쓰럽기도 하더라. 그래도 앞뒤를 따져 할 일을 끝내고 이것저것 들쑤시다가 할아버지와 잠자리에 들어 도란도란 얘기를 나누는 중간에 꿈나라로 여행가는 네가 고운 꿈꾸기를 빌고 또 빈단다. 열 년 열두 달 내내 엇비스한 나날이 되풀이 되는 일상일지라도 조용한 우리 집에 네가 있어 생동감이 넘쳐나고 있다.

네게 무슨 선물인들 아끼겠느냐마는 올 생일 선물로 원했던 게 휴대전화였다. 하지만 쓸모를 따져 내년으로 미루었다. 그 대신 네가 원하던 파란장화와 종이접기책 2권과 피자를 사주지 않더냐? 그리고 낮에는 너의 베스트 프렌드 동근이를 초대했었지. 너희 둘을 데리고 수영장에 가서 신나게 놀지 않았더냐? 게다가 신세계백화점 뷔페에서 점심을 먹었잖니! 그래봐야 입이 짧은 너는 국수만 내리 세 그릇을 비워 나를 속상하게 했었다. 하지만 그런 너를 지켜보며 신기해서 마음속으로 새 웃음을 웃었단다.

천재나 기린아가 아닌 지극히 평범한 아이가 너 유진이다. 하지만 가치가 번뜩이는 재간둥이인가 하면, 몸이 아프거나 괴로워도 얼굴을 찡그리고 성질을 부릴 줄 모르는 착한 순둥이이며, 할머니 할아버지를 끔찍히도 챙겨주는 효자둥이지. 게다가 멋있는 사람이 되겠다는 오달진 꿈돌이라는 연유에서 세상에 그 무엇과도 견줄 수 없는 소중한 보물이란다.

여태까지처럼 건강하고 생각이나 말과 행동이 바른 소년으로 크게 성장하렴. 할머니는 여전히 너를 위해 된장찌개를 끓이고 간식나부랭이를 준비할게. 참, 주말엔 네 머리 모양을 멋지게 잡아 줄 왁스를 사러 가자꾸나.

유진아! 많이 웃고 사랑하자! 그리하면 세상에 두려울 게 없다. 네가 우리 옆에 있어줘서 고맙고 행복하다. 싱그러운 계절처럼 우리도 푸르른 창공을 훨훨 날며 희망가를 부르자. 다시 한 번 너의 생일을 축하하며 맺는다.

2016년 4월 23일
유진이 생일날 할머니 씀

* 편지의 글은 유진이 할머니 김란희 여사가 손수 쓴 육필(肉筆)이다. 유진이 양육 문제는 전적으로 할머니 몫이었음에도 여태까지 어디에도 흔적을 남기지 않았다. 그런데 이번에 처음으로 당신의 내심을 담담하게 밝히고 있다.